Benjamin von Stuckrad-Barre **Was.Wir.Wissen.**

Glaube

Flora & Fauna

Sport

Gesells

schichte

Wissenschaft & Te

Wirtsch

Gesundhei

Reise

Benjamin von Stuckrad-Barre

Was. Wir. Wissen.

Rowohlt

1. Auflage September 2005

Illustration und Umschlaggestaltung
Walter Schönauer, Berlin
Satz aus der Proforma PostScript
(QuarkXPress) im Verlag
Druck und Bindung Clausen & Bosse, Leck
Printed in Germany
ISBN 3 498 06386 3

Hier zählt jeder Fluch der Ruderer auf den Galeeren.
Niklas Luhmann

Oder wollen Sie irgendwo anrufen?
Günther Jauch

Inhalt

Vom Hören, Sagen, Kennen und Wissen

«Man soll daraus ersehen, wie man gesprochen hat, allerdings auch, wie man gegenwärtig spricht, aber es wird nicht entschieden, wie man sprechen soll.»

Wilhelm Grimm über «Das Deutsche Wörterbuch»

Alles kann man nicht wissen. Das weiß jeder. Bis immerhin Goethe (†1832) war das Weltwissen noch so überschaubar, dass man es sich komplett aneignen konnte – angeblich. Heute weiß man mehr und keiner mehr alles. Doch was man wenigstens wissen sollte, wird gern und häufig diskutiert und tabellarisch daherbehauptet. Allgemeinbildung! Sollte man haben. Überhaupt: Das Wissen eines jeden wächst natürlich von Geburt bis Tod. Man lernt dazu – und wozu genau? Zum schon Gewussten, Abgenickten, Bewiesenen. Und wofür, das weiß man ja auch, nämlich nicht für die Schule. Sad vitae, traurige Lebensläufe. Ein Witz, ein Fehler? Vielleicht auch ein Filmtitel. Mal nachgucken – und schon ist man drin.

Das ideale Medium, Wissen zu archivieren, zu verbreite(r)n, stetig, vertieft zu verknüpfen, ist mit dem Internet gefunden. Finden kann man dort alles, nur verliert man sich (tatsächlich und wortwörtlich alles Mögliche findend) bei der Suche gern einmal. Was es alles gibt, staunt man und ist so ratlos wie fasziniert. Es gibt nichts, was es nicht gibt, heißt es im so genannten Volksmund. Dieser wird gemeinhin als Urheber und Benutzer solcher Weisheiten, Bezeichnungen und Redewendungen identifiziert, deren Gebrauch zum Brauch geworden ist. In diesen Prozess von Sprach- und Wissensentwicklung ermöglicht das Internet frühzeitig Einblick und Teilnahme. Jeder darf mitdefinieren. Und die relative Gleichförmigkeit von Präsentation, Zugänglichkeit und Ausschilderung von Quellen sehr unterschiedlicher Qualität spiegelt und potenziert die Verwirrung. An Wegweisern, Empfehlungen, Leitplanken und Abholungsangeboten mangelt es so wenig wie an Warnungen, Abschreckungen und Alternativen. Pisa usw.? Eher Babel und so www. Es wird Zeit, diesem Maul mal aufs Volk zu schauen.

Was wir wissen sollen, wissen viele recht genau. Deshalb wird es einem auch dauernd einkaufszettelartig zusammengefasst. Aristoteles, Humboldt, Mozart, Einstein, Billy Wilder – kann man nichts gegen sagen. Sie zu kennen schadet gewiss nicht, aber der Charakter eines Schülers zeigt und formt sich daran, was er in der Pause macht. In diesem Buch geht es nicht um die so genannte Allgemeinbildung, sondern um die allgemeine Bildung, das tatsächlich Gewusste. Natürlich nur um einen Ausschnitt daraus. Das ist ja das Schöne am Buch, die Hinsicht, in der es dem Internet überlegen ist. Dass es ein Ende hat.

Um das Gewusste zu zeigen, kann man nicht alle fragen. Ein repräsentativer Anblick des Wissens ist aber zugänglich durch die Phrasen, in denen es auftritt. Phrasen deshalb, weil sie Schlüssel sind zu den unterschiedlichsten Menschen, Orten und Bedingungen. «Die Phrase und die Sache sind eins», hat Karl Kraus gesagt, behauptet das Internet.

Was weiß ich? Dies zum Beispiel: Das Wort «wissen» geht zurück auf die indoeuropäische Wurzel *ueid* (gesehen, erkundet haben). Das habe ich gelesen. Im Internet. Das weiß ich jetzt.

Benjamin von Stuckrad-Barre

Gesellschaft

Was ist nicht von schlechten Eltern?

Die Frage, ob die ersten Menschen auf der Welt Kinder oder Erwachsene waren

Das Aroma des Bärlauchs. Je mehr Risse und Knicke im Blatt sind, desto stärker strömt es aus.

Die Fernsicht von der Alpenvereinshütte Hannoverhaus (2722 m)

Die Kinderzulage. Das Finanzamt zahlt bei der Eigenheimzulage einen Aufschlag von 800 € pro Jahr und Rotznase.

3 Heiratsanträge an einem Tag zu bekommen

Das elektronische Innenleben der Canon Digital Ixus 430

Der Long-Island-Icetea im Tscharly's, Stadtplatz 18, A-Kufstein

Der Titel einer ARD-Familienserie, die mit dem Pilotfilm «Es muss Liebe sein» an den Start ging

Eine Differenz in der Sozialleistungsquote von 3,6 Prozentpunkten

Der Jelly Angel Soda Vibrator, dieser pinke Prachtbursche. Er besorgt es Ihnen richtig!

Die Wortschöpfung «Signographie» des in Leipzig tätigen Typographen Andreas Stötzner für die Lehre des graphischen Zeichnens

Die Audio-Qualität des Game Boy Advance Movieplayers

Stefan Kesslers Appetit

Harald Schmidts ARD-Schal

Das Design der Men in Black II Collector's Box (MiM I&II/3 DVDs)

Chorkonzerte in der Düsseldorfer Tonhalle

Der Preisunterschied zwischen der Home- und der Professional-Version von Windows XP

Die Störfelder in einer Produktionshalle

Ein zünftiger Wildbiologinnenschritt

Die Ergiebigkeit von Lush Jungle, einem festen, veganen, hellgrünen Haar-Conditioner

Kinder psychisch kranker Menschen

Die 50 km Mountainbike-Strecke beim Höchstädter Radsporttag

Die dem Buch «Young, gifted and black – The story of Trojan Records» von Michael de Koningh und Lawrence Cane-Honeyset beiliegende Audio-CD

Die von der Bundesbank hin und wieder erzielten Gewinne. Im Unterschied zu einer gewöhnlichen Bank ist dies aber nicht der Ausweis ihres Erfolgs und auch gar nicht ihr Zweck.

Die technischen Fähigkeiten der Musiker von Vaginal Techno Incest

Der Eingang zum Slot Canyon Round Valley Draw: gerade mal körpereng und rund 5 Meter tief

Asthma haben

Der Performancegewinn durch 256 Bit Speicherinterface, um die Handbremse zu lösen (wenn man das gute L-Speicherlayout hat). Dann wäre die 9500 PRO ratz fatz 'ne echte 9700 PRO.

Die Automarke Nissan, die ja vorher Datsun hieß

Der «Hochwasserpegel» (Hartkäse), den Käser Fritz König auf der Schmalzmühle bei Wassertrüdingen produziert

Die Idee, das Paarungsverhalten von Gartenzwergen zum Thema eines Brettspiels zu machen

Was kommt in den besten Familien vor?

Das Geld wird knapp.

Der Ehemann säuft, raucht und schlägt auch noch seine Frau.

Eine Niederlage gegen Köln

Satanismus

Papierstau im Laserdrucker

Kein Wort mehr miteinander reden, sondern die Waffen sprechen lassen

Streit ums Fernsehprogramm

Aids

Kleptomanie

Wenn Mama nicht tut, was ich will, frage ich Papa.

Unappetitliches Getier in den Vorräten

Suff

Wenn man seit Jahren zusammenlebt, nicht mehr jeden Abend scharf aufeinander sein

Drogenkonsum

Hardwaredefekte oder Stromausfall

Selbstmord

Katzenbandwurm

Ein Vaterschaftstest

Erziehungsprobleme werden zu einer Zerreißprobe für alle Beteiligten.

Probleme mit den Venen aufgrund erblicher Veranlagung

Enterbung

Der eine hat Erfolg, der andere Misserfolg.

Überraschende Dünnhäutigkeit, wenn im Detail die Interessen kollidieren

Mobbing

Eine Schilddrüsenfehlfunktion

Sich trotz sehr romantischen Ambientes (traumhaft gelegenes Restaurant an der Felsküste, tolles Essen, Kerzenlicht, sanfter Wind, zantische Balladen, die im Meer untergehende Sonne) irgendwie nicht von der Atmosphäre einfangen lassen

Dein Provider ändert seinen Pfadeintrag.

Ehescheidung (auch bei Ärzten)

Brüder und Schwestern lieben sich nicht.

Projektion

Eine Minderung des Hörvermögens

Tratschen mit der Tochter über die Schwiegertochter

Mord

Den Bus verpassen

So 'n bisschen untereinander rumficken

Karies

Kopfläuse

Schizophrenie

Was weiß heutzutage jedes Kind?

Wie wichtig es ist, Altglas nach Farben zu sortieren

Karotten sind, dank ihres hohen Gehalts an Carotin und Provitamin A, gut für die Augen.

Die Rentner kommen den Sozialstaat zu teuer zu stehen.

Wie man sein Fahrrad repariert

Der Preis der Gegenwart ist, dass der Bildschirm aussagekräftiger ist als die Realität.

In der Kiste flimmert es rund um die Uhr.

Kolumbus, der im Dienste Spaniens auf dem Weg nach Indien war, betrat am 12.10.1492 amerikanischen Boden.

Nach den Spielregeln der Natur ohne Spritzmittel, Kunstdünger, Tierquälerei und Gentechnik erzeugte Lebensmittel sind einfach gesünder.

Teer ist Krebs erregend.

Computer können nur mit Software arbeiten.

Ost-Männer küssen besser, und Ost-Mädchen sind schöner.

Die genetischen Codes von Weißen und Schwarzen sind nur in einem Promillebereich verschieden.

Es gibt keine Nikoläuse.

Eine Wohnungstür muss abgeschlossen werden, wenn man nicht ausgeraubt werden will.

Die Erde ist eine Kugel (mit abgeflachten Polen).

Eisbären leben nicht auf beiden Polen.

In einem sich ständig erweiternden Wirtschaftsraum Europa wird es in Zukunft eine unabdingbare Notwendigkeit sein, eine zweite Sprache zu beherrschen.

Die Klimakatastrophe kommt bestimmt.

Der Regenbogen ist das gebrochene Sonnenlicht, das aus einer Regenwand zurückstrahlt.

Warum es Pausenzeiten gibt und warum diese eingehalten werden sollten

Einstein lebt weiter in dem, was er intellektuell geschaffen hat.

Spinnen sind wirklich nützlich.

Die Gewinnung eines neuen Kunden ist viel teurer als die Pflege und damit Bindung eines bestehenden Kunden.

Wir leben in einer Welt, in der es nichts kostenlos gibt.

Rauchen schadet der Gesundheit.

Die Alpwirtschaft steht unter einem enormen Modernisierungsdruck.

Selbst Mauern helfen nicht viel gegen nukleare Strahlen.

Wie man die gängigen Kopierschutzmechanismen umgeht

Das Suchtpotenzial von Alkohol ist eines der höchsten sämtlicher verbreiteter Drogen.

Kobolde sind nicht besonders schlau.

«Toy Story» war der erste Spielfilm, der vollständig im Computer entstand.

Marketing und PR sind sehr wichtige Teile eines Unternehmens.

Kalzium macht die Knochen stark.

Der industrielle Großprozess baut mehr natürliche und menschliche Reserven ab, als er selbst erzeugen oder regenerieren kann.

Im Ganzen sind Teile.

Was lernt man auf keiner Universität?

Kommunikation zwischen Arzt und Patient

Die Lehren aus einer Firmenpleite

Abstraktes Denken

Wie der eitrige Zahn einer Mähnenrobbe behandelt wird

Rechtstechniken, wie z. B. Urteile fällen

Kreativität

Webdesign

Wenn eine Position – trotz Ausbildung bis zum Abwinken – nicht wunschgemäß verläuft, was tun?

Benutzer nicht aus den Augen zu verlieren und sich mit ihnen verständigen zu können, ohne in den Informatiker-Jargon zu verfallen

Verkäuferisches Geschick und Feingefühl

Wie man die Assets über Scheinverträge rausholt und das Ding dann mit völlig überhöhten Rechnungen von Kumpels versenkt

Gutes Benehmen und (parkett-)sicheres Auftreten

Personalverantwortung für 50 Leute. Ist ja nicht nichts. Aber der eine kann's, der andere nicht.

Die immer noch unterschätzten Qualifikationen, die Mütter in ein Arbeitsleben einbringen

Zusammenarbeit

Persönliches Verantwortungsbewusstsein für die eigene Handlungsweise

Arbeit mit Naturmaterial

Management

Rock 'n' Roll

Global Player zu führen

Was eine Landesbauordnung ist, wie man ein Baugesuch stellt und wie man Honorarverträge aushandelt

«**S**oft Skills», also soziale Kompetenz

Probleme anderer Leute zu lösen

Wirklich lebenswichtige Dinge

Wie man Menschen führt

Ethisches Verhalten

Programmieren

Interdisziplinäres Arbeiten, prozessorientiertes Denken und Spaß an der Hubschrauberperspektive

Was ist ein offenes Geheimnis?

Im Fach Heimat- und Sachunterricht lassen sich am leichtesten gute Noten holen.

Viele unserer Verbrauchsgüter enthalten einen Mechanismus, der sie nach einer gewissen Zeit unbrauchbar macht.

Russische Frauen schminken sich gern aufwendig.

Fast 50% der Panamesen leben unterhalb der Armutsgrenze und haben kaum eine Chance, den Slums zu entrinnen.

Max Cavalera ist der Gottvater modernen Metals.

Katzen werden immer wieder zur «Ausbildung» von Jagdhunden «verwendet».

Die deutsche Mongolistik ab den frühen fünfziger Jahren verdankt ihre entscheidenden Impulse Fritz Mühlenweg.

Der Computerkonzern Mitsuhama fungiert hauptsächlich als Front für die Yakuza.

In der faktischen Einparteienherrschaft Bayerns funktioniert Opposition etwas anders als auf Bundesebene.

Bush hat nach wie vor für Kanada nicht viel übrig.

Die brasilianische Poesie der Gegenwart ist in ihren innovativen Impulsen der Prosa überlegen.

Die Kritiker, die monatlich im Auftrag des deutschen Südwest-Rundfunks eine Bestenliste wählen, kommen nicht einmal mit dem Auspacken der Buchpakete nach.

Berührungen heilen.

Das Lesbischsein von Sabine Jünger, Studentin der Rechtswissenschaften und eine von vier offen homosexuellen Bundestagsabgeordneten – selbst ihre Postbotin erzählt es allen ganz offenherzig.

Wände und Türen der Gemeindeverwaltung Lommis sind zu dünn und die vorhandenen Büros zu klein.

Gespräche, die z. B. nach Übersee führen, werden vom Bundesnachrichtendienst systematisch nach Schlüsselwörtern durchsucht, und bei deren Auftreten wird das Gespräch automatisch mitgeschnitten.

Die Latinum-Prüfungen sind eines der bestfunktionierenden Ausleseverfahren der Universitäten.

Die internationale Musikindustrie versucht, Künstler und Kunden gleichermaßen über den Tisch zu ziehen.

Medien an Schulen werden häufig ohne die erforderliche Lizensierung genutzt.

Das persönliche Sicherheitskommando von Daniel Arab Moi, dem kenianischen Präsidenten, wurde vom Mossad ausgebildet.

Auf einem Faschingsfest darf geflirtet werden, was das Zeug hält.

Die Verteilung von Führungspositionen bei Frauen und Männern in der Helmholtz-Gemeinschaft weist eine beträchtliche Schieflage auf.

Barben und Döbel stehen auf geriebenen Käse im Futter.

Einige der von spanischen Verlagskonzernen gestifteten Literaturpreise sind manipuliert.

Nur ein kalibrierter Monitor zeigt Farben verlässlich an.

Das 1786 uraufgeführte Meisterwerk «Figaros Hochzeit» nimmt Gedankengut der Französischen Revolution vorweg.

Jungs, die Besonderes können, treffen sich in der Meersburger Knabenmusik.

Was hat sich so eingebürgert?

Die Ammerland-Rund-Route in Bad Zwischenahn zu beginnen

Die Jahre 1989/90 werden als Ausgangspunkt für einen umfassenden politischen Systemwechsel angesehen.

Bei PV-Kraftwerken nicht von elektrischer Arbeit, sondern von Solarstromernte in kW/h zu sprechen

Am Ende des Bremer Werdersees wird nackt gebadet.

Man sagt «der Tower von London», wahrscheinlich weil «der Turm» maskulin ist.

Viele Hornisten blasen das B-Horn. Zwar hat dieses Horn einen härteren und grelleren Ton als das F-Horn, doch die hohen Töne sind auf dem B-Horn eindeutig klarer und leichter zu blasen.

«Gang nach Canossa» als Metapher für eine tiefe Demütigung

Firmen stellen mal schnell ein Team von Programmierern ein, das sich mit dem zu lösenden Problem nie hautnah auseinander gesetzt hat.

Beim Pfingstsegeln am Plauer See gibt der Kapitän einer Mannschaft, wenn er mit ihr zufrieden war, in der Hafenbar eine Runde Bier aus.

Kirchen sind auf der Insel Usedom ein wichtiger Bestandteil des kulturellen Lebens geworden.

Die Radialgeschwindigkeit der Sternsysteme als Fluchtgeschwindigkeit zu bezeichnen

Vorgesetzte Meinungen ungeprüft zu übernehmen

Dass die Kritik künstlerisch mehr gilt als Affirmation, Abschreckung mehr als Verführung, der Tabubruch mehr als die Tabuisierung, Staatsferne mehr als Staatsnähe

Die Männer und Frauen des Parlamentsassistenzdienstes Saaldiener und Saaldienerinnen zu nennen

Von der EU als einem Gebilde «sui generis» zu sprechen

Der Brunnenschultheiß besucht auf seiner Brunnenfahrt die Brunnen, die in Sachsenhausen im Laufe der Jahre neu errichtet wurden.

Das Fernsehpublikum als eine medial vermittelte Massenversammlung zu betrachten, der alle angehören, die das entsprechende Gerät einschalten

Nach der Aufteilung der Zuständigkeiten die personelle Besetzung von Ministerien dem Koalitionspartner zu überlassen

Die Vitamine in zwei Gruppen einzuteilen: fettlösliche und wasserlösliche Vitamine

Einen IQ von 130 als Grenzwert zur intellektuellen Hochbegabung anzusetzen

Möglichst spät möglichst wenige Kinder bekommen zu wollen

Die Wasserspannung als pF-Wert anzugeben

Weihnachten nur noch als schreckliche Familienveranstaltung zu empfinden, bei der einander feindselig gesinnte Verwandte sich betrinken und in die Haare kriegen

Älteren Menschen mit gestörter Tag-Nacht-Rhythmik niedrig potente Neuroleptika zu verordnen

Die Pluralisierung von Abkürzungen erlaubt das «s» am Schluss.

Und der kleine Mann von der Straße?

Er geht jeden Tag zur Arbeit, ist fleißig, bringt es aber dennoch nicht zu großem Reichtum.

Eine Politik, die über seine Interessen hinweggeht, ist auf Dauer zum Scheitern verurteilt.

Er hat oft eine Waffe.

Eigentlich hieß er ja Mäxchen Pichelsteiner, doch das wussten die allerwenigsten.

Er ist fasziniert vom mystischen Schneeland Tibet und dessen geheimnisvollen Weisen, den Lamas.

Er will nichts anderes als populistische Politik haben, denn das ist Politik, die versucht, es dem kleinen Stänkerer recht zu machen.

Markenprodukte sind ihm langsam zu teuer geworden, deshalb muss er nun verstärkt Asien-Ramsch im Discounter kaufen.

Er, dem doch die Bosse immer wieder sagen, was er zu tun und zu lassen hat, soll all die geballte Unfähigkeit der Swissair-Bosse verstehen.

Er leidet besonders darunter, dass in Indonesien die Wirtschaft immer noch im Argen liegt, da er keinen Grundbesitz hat.

In Karlsruhe will er keine U-Bahn.

Er muss Steuern blechen, während die da oben immer ungeschröpft davonkommen.

Würden gleichzeitig die MwSt. und alle aus der Staatskasse bezahlten Einkommen gesenkt, dann würde er das Prinzip der Idee sofort verstehen und sagen: Super, jetzt machen die endlich mal was!

Er würde ohne Neid anerkennen, dass Spitzenpolitiker ein Mehrfaches des Durchschnittseinkommens bekommen, wenn er den Eindruck hätte, Politiker seien ihr Geld wert.

Im 16. bis 18. Jahrhundert bekam er wohl zeit seines Lebens keinen Golddukaten zu Gesicht.

Seine Lohnsteuer führt er treu und brav ab.

Er zahlt die Zeche bei einer Senkung der Körperschaftssteuer.

Selbst er weiß: Sozialer Kahlschlag bewirkt in Sachen Haushaltskonsolidierung nichts.

Er glaubt an den Zauber des Kosmos durch die Sterne. Kein Wunder, man hat ihm schließlich weisgemacht, dass alles auf Wissenschaft beruhe.

Er kennt keinen Kitsch. Kitsch begegnet in erster Linie der Avantgarde (im eigentlichen Wortsinn), wenn sie mal zurückschaut.

Titel des größten Hits von Ulrich Roski, dem Berliner Barden

Er weiß recht gut über die Weltpolitik Bescheid, da Presse und Rundfunk als Alltagsmedien ständig präsent sind und in größerem Umfang konsumiert werden als die Literatur.

In vielen Fällen kuscht er aus Angst vor Gewalt.

Unter den gegebenen Umständen begrüßt er die Anwesenheit ausländischer Truppen in Afghanistan, da sie weitere interne Kämpfe verhindern.

Er sieht es nicht gerne, wenn einer aus seinen Reihen plötzlich ganz oben ankommt: Der ist doch genauso blöd wie ich, warum werde ich dann nicht auch Präsident?

Er muss sehen, wie er über die Runden kommt.

Was heißt im Volksmund wie?

Gründonnerstag = Antlasspfingste/Ablassdonnerstag

Die nach dem Deutsch-Französischen Krieg (1870/71) in der Mitte des Dorfes Oberjünne gepflanzte Eiche = Friedenseiche

Das Gemeine Alpenglöckchen = Soldanelle oder Troddelblume

Das Heilkraut Weißdorn = Schlafdorn

Mykonos = Insel der Winde

Die Mündung des durch Belgien fließenden, hyperverseuchten Flusses Senne (in die Schelde) = Arsch von Brüssel

Die Bencik-Bucht, die bis tief in die Halbinsel Datça hineinreicht = Land, über das die Fische springen

13. Bezirk Budapests = Silicon Buda

Stadtkern von Chicago = Loop

Kreuzberg = Klein Istanbul

Die auf dem Gemeindegebiet von Würenlos mit einer brückenartigen Konstruktion die A1 überspannende Autobahnraststätte = Fressbalken

Die an der B 88 gelegene Unterstadt von Orlamünde, Thüringen = Naschhausen

Das Fachwerkhaus aus dem 16. Jh. in der Schlossgasse von Colditz = Götzentempel, Lügenhaus oder Hasenhaus

Das Anna-Luisen-Stift in Bad Blankenburg = Engelmacherei

Hamburgs 270 m hoher Fernsehturm = Tele-Michel

Das Hongkonger Hochhaus des britischen Konzerns Jardine mit seinen vielen kreisrunden Fensteröffnungen = Haus der 1000 Arschlöcher

Das würfelförmige Haupthaus der Saldenburg, hoch über dem gleichnamigen Ort = Waldlaterne

Das Auswärtige Amt = Außenministerium

Das Baldachingrabmal des Grafen Ludwig III. zu Löwenstein und seiner Frau Anna, entstanden 1614–18 = Die Bettlade

Der 11 m hohe Leuchtturm Unterfeuer in Geestemünde = Schnapsglas

Das Regierungsgebäude in Windhoek (Namibia) = Tintenpalast

Ein recht kurzer Weg- oder Geländeanstieg = Katzenstich

Der mittlere Steinweg in Marburg = Die Plantage

Der untere Steinweg in Marburg = Das Loch

Der Umweg, den die Straßenbahnlinie 92 macht (Nord-Potsdam), zum Schutz des Großen Eichenheldbock, der vom Aussterben bedroht ist und hier eine seiner größten Brutstätten in Deutschland hat = Käferkurve

Pferdemist = Pferdeäppel (oder auch: Bremsenfraß)

Dachs = Meister Grimbart

Parkinson (so benannt nach dem englischen Arzt Dr. James P.) = Schüttellähmung

Atherom (gutartiger Tumor) = Grützbeutel

Gutartige Vergrößerung der Vorsteherdrüse = Altmännerkrankheit

Diabetes mellitus = Zuckerkrankheit

Die medizinisch-psychologische Untersuchung = Idiotentest

Air Mali = Air Maybe

Wo es aussieht oder zugeht wie bei Hempels unterm Sofa

Auf der Erde, bevor dort neues Leben entstanden ist

Im politischen Alltag

Auch bei Superstars zu Hause

Im Institut für schleswig-holsteinische Zeit- und Regionalgeschichte

Bei Radio Westfalica

In der Garderobe von Kylie Minogues Tänzern, nach dem Fernsehfest

In französischen Autowerkstätten

Hotel Nabeul Beach in Monastir/Tunesien. Der Garten sehr ungepflegt, die Sportanlagen zum größten Teil kaputt und der im Katalog versprochene Streichelzoo bestand aus einem fast verhungerten Hasen.

Im deutschsprachigen Teil des Yahoo-Katalogs

In Asien, teilweise. Wer einmal in China war, weiß, wie dort Essen zubereitet wird!

In den einzelnen Räumen des Lagers Traiskirchen/Österreich, wo die Flüchtlinge hausen

Im engen Sparringspartner-Vierbettzimmer der Universum-Boxerschmiede im Hamburger Osten, manchmal

In Luis Trenkers Rucksack

In Eminems Haus

Zwischen Potsdamer Platz und Brandenburger Tor

Im Citroën C4 2.0i 16V, nach dem Vorklappen der Rücksitzflächen

Bei der Kelly Family an Bord. Verdreckte Schlafkojen, verdreckte Laken, Essensreste lagen tagelang herum. Ein roter Plastikvorhang ersetzte die fehlende Klotür.

Bei den Parteien. Aber das ist wenigstens bürgernah.

Im LKA Berlin

Die Osnabrücker Innenstadt – nach dem Flohmarkt. Zurück bleibt ein Schlachtfeld – Sperrmüll, so weit das Auge reicht.

In Sachen Soziales bei den Vorzeigefirmen der New Economy

Beim Müll in Deutschland

Im dank Andy zum Partyhaus mutierten Haus der Richters

Im Bundestag. Dabei sollte gerade der die gute Stube unserer Demokratie sein.

Forum Romanum, heute noch. Hier muss damals echt der Teufel los gewesen sein.

Zu Hause, wenn Mann arbeitslos

Was sind Zeichen unserer Zeit?

Dass jeder eine Rundum-Vollversorgungsmentalität hat, aber nichts dafür geben will

Enorme Leistungsbereitschaft

Dass Menschen sich in Selbsthilfegruppen suchen und finden

Einsamkeit. Einsamkeit gibt es in Altenheimen, Krankenhäusern, Vorstadtsiedlungen, Hochhäusern usw.

Die Einzelreisenden sind am Aussterben. Man reist in Schwärmen, in Gesellschaften, in Gruppen, massenweise.

Singlereisen

Mobilität. Wo Menschen leben und arbeiten, da wird folglich ausreichender Parkraum benötigt.

Bewegungsmangel

Dass Karpfenfischen leider immer mehr an den Rand gedrängt wird

Die Allgegenwart der Bilder

Das Leben wird anonymer.

Dass bei einem Konzert in der Kölner Markuskirche sich just beim Intonieren des «Requiem Aeternam» («Ewige Ruhe») ein Handy Gehör zu verschaffen suchte

Der aus Sichtbeton gegossene, 35 Meter hohe, frei stehende Glockenturm der katholischen Pfarrkirche St. Antonius, Datteln

Anspruchsvolle Architektur mit viel Glas. Und verglaste Giebel

Der Zen-Weg

Jeder aus einem 2,40 m hohen Stein geschlagene Gegenstand in Richard Aichers Installation «Stelenpark»

Kopflastigkeit

Dass die Menschen lieber reagieren als agieren

Traditionen zu vergessen. Gegen diese Entwicklung wendet sich der Bergische Zahnärzteverein.

Die Mischung von Altem und Neuem, natürlichen und technischen Materialien

Das Burn-out-Syndrom. Innere Erschöpfung, ständige Müdigkeit und Antriebslosigkeit plagen die Betroffenen.

Multifunktionalität. Ein Begriff, über den Designer und Architekten wohl täglich stolpern.

Dass die Menschen verlernt haben, ihren Körper zu spüren und seine Signale richtig zu deuten

Gewalt, Menschenverachtung, Hass und Unterdrückung

Dass die hartnäckigsten Streitereien um Mahnmale ausgetragen werden

Der in der Eucharistie gegenwärtige Christus

Auch im wirtschaftlichen Bereich wieder auf Seriosität und guten Geschmack Wert zu legen

Partnerschaftliche Arbeitsteilung. Geschlechtliches Klassendenken gehört der Vergangenheit an.

Dass sich in der Pferdemedizin, wie auf allen anderen Gebieten der Heilkunde, ein Umschauen nach alternativen, komplementären oder neuartigen Behandlungen eingebürgert hat

Eine höhere Nachfrage nach Grabstätten, für die keine Pflege erforderlich ist

Was ist leider kein Einzelfall?

Inkonsistente und irreführende Zahlenangaben der WHO

Das Buch kommt von Amazon schon recht ramponiert beim Kunden an.

Dumme deutsche Richter

Betrügerei in Barcelona

Unterschätzte Pianisten

Hundespulwurm

Die Verwandlung einfacher Soldaten in Folterer

Gräulich grüne Kaugummi-Leichen pflastern den Mainzer Asphalt.

Der Fall Bogner aus der JVA Lübeck

Das Dilemma von Tante Sophie

Die Geschichte des Ahmet B.

Die diskriminierende Entscheidung des Obersten Gerichtshofs in Sachen Mietrecht

Motorrad-Diebstahl

Leere Versprechen

Anleitungen wie diese: «Wenn alles richtig eingesielli isluruchun Sie S2 bis Slunen und Mirunan mii blindernden Coppalpunki arschetuen» (zur Einstellung einer Quarzuhr).

Jemand ritzt sich aus Trauer und Verzweiflung die Arme auf.

Psychiatrisierung statt Behandlung eines Impfschadens

Im Alter: Überdosierung von Medikamenten

Jünger, die ihre gesamten Ersparnisse für den zweifelhaften Rat eines Gurus hergeben

Wärmetechnisch notwendige Neubausanierung erst wenige Jahre alter Häuser

Sure 9:5

Autoverkäufer mit Allüren, die wir bisher nur von Behörden kannten

Ein Bürger ist Mieter einer Wohnung und gleichzeitig Eigentümer eines Bungalows.

Diktatur

Jemand schreibt einem ein paar Zeilen, und man kann jedes zweite Wort nicht entziffern.

Dass Preise bei e-bay künstlich hochgetrieben werden

Angriffe von gefährlichen Hunden auf Menschen

Fehlerhafte Beschilderungen

Zwei Stunden im voll besetzten Wartezimmer einer psychiatrischen Praxis warten

Dass die Jungs eine Schraube vergessen haben

Wozu gehören immer zwei?

Gute Gestaltung und klare Kommunikation

Nebenbei Geld kriegen

Erpressung

Bloß mal eine Kakteengärtnerei anzusehen

Wenn der Typ mehr will

Ausbeutung

Die zerbrechliche Option auf eine gemeinsame Zukunft in den Sand zu setzen oder aber zum Blühen zu bringen

Tarifabschlüsse

Anbetung

Keilereien

Geschichte

Zum Gefühl, die Vagina sei zu weit (speziell direkt nach einer Schwangerschaft)

EU-Reimport

Lügen

Mit jemandem zu spielen, zu flirten, als gäbe es kein Morgen

Versteigerungs- und Abzockegeschichten

Aneinander vorbeireden

HIV-Infektion

Als Schauspieler in einer Schublade zu landen

Experimentierfreude – wenn einer von beiden auf bestimmte Sachen keinen Bock hat, sind die tabu.

Manipulation

Integration

Duelle

Sich eigenständig wahrnehmbar und strukturiert in die Debatte einzubringen und zu versuchen, die Definitionshoheit zu gewinnen

Tango

Verführung

Verhütung

Besonders gut im Bett sein

Kompromisse eingehen

Masochismus

Vermasselte Ehe

Marktwirtschaft – nämlich Angebot und Nachfrage

Fotografiert zu werden

Verdummung

Mehr Standerln auf dem Markt in Hofstetten

Endspiele

Auf einmal seinen Schwanz in einer Fremden zu haben, obwohl es nicht abgemacht war

Welche Sachen sind nicht jedermanns?

Eine geliebte Schildkröte für Monate in den Kühlschrank zu legen

Truppenabzug

Eine große Fotoausrüstung auf einer Enduro mitzuschleppen

Glaube

Sperma

Zivilcourage

Die minutiöse Wiedergabe einer Betriebsversammlung

Wöchentlich 12 Stunden lügen

Das Herdenprinzip

Lack/Leder

Prognoserechnung und Szenarioanalyse lernen

Sich durch musikwissenschaftliche Studien hindurcharbeiten

Vorsingen im CD-Geschäft

Schieberätsel

Kautabak

Mit einer potenziellen Vergewaltigungsklage leben

Taktik

Mit Stäbchen essen

Der herb-saure Geschmack des Rhabarbers

Flachbildröhren

Ohne Vorlage reden

Sich von Fischen beknabbern lassen – acht Stunden am Tag, drei Wochen lang

Zwischengas geben und zwischenkuppeln

Pelzbüschel unter den Achseln

Sich einfach 4 oder 5 Stunden neben einen dösenden Menschen setzen

Kräftige Suppe aus Innereien

Satanismus

Grilltomaten

Radfahren im Bergischen Land

Rausgehen, mitmachen, Flugblätter verteilen, Kollegen mobilisieren

Spinat

Vereinssport

John Irving

Das Kauen von roher Propolis oder das Einschmieren des Zahnfleisches mit fetter Salbe

In eine mit Fischen gefüllte Wanne steigen

Sich auf der Landstraße und im Abendsonnenschein anschnauzen lassen

Demokratie

Sein eigener Chef sein

Verletzungsfrei mit dem Trüffelhobel hantieren

olitik

Womit lässt sich kein Staat machen?

Stundungszinsen für Steuerschulden

Mit privater Kunst

Jungweinen mit einem Alkoholgehalt zwischen 12,5 und 13,4 % Vol.

Aristoteles

Mit der Versorgungsquote im Krippenbereich

Gewalttätigen Chaoten

Mit Krista Sager beim Kaffee – so von Mensch zu Mensch, von Präsident zu Senatorin – vernünftige Dinge zu erwägen

Mit türkischen Lira

Mit phantasieloser Politik

Gleichgeschlechtlichen Partnerschaften

Eisringeln

Mit Gestalten wie Ronald Schill

Wissenschaft

Mit Bürgern, die die grundlegenden Funktionsbedingungen von Wirtschaft und Gesellschaft nicht verstehen

Mit dem derzeitigen Familienrechts-Schrott

Mit den Motti «Die anderen sind schuld» und «Wir tun was»

Mit Günter Krämers eklatant gescheiterter «Tristan und Isolde»-Inszenierung

Politik der leeren Kassen

Mit einem Volk uniformer und gleichermaßen un(aus)gebildeter Menschen

Eine solche Club-Nummer wie z. B. die Karlsruher Video-Autoren e. V. zu haben: 567

Vitamin B

One-Man-Show

Mit dem Urschrei der Sozialdemokraten: Arbeit! Arbeit! Arbeit!

Mit 85 Millionen Egoisten

Gegenseitigem Misstrauen

Trommelbremse hinten, wenn der vordere Bremskreislauf ausfällt

Gefühlen

Randexistenzen

Mit Versatzstücken aus der Mottenkiste des Klassenkampfes

Adorno

Blumen im Haar

Stromsparen

Gespenstern

Bergpredigt

Mit bunten Luftballons statt Argumenten

Was heißt es hinter vorgehaltener Hand?

Dass um die künftigen Spielräume der bislang in Deutschland nicht zugelassenen Hedge-Fonds weiter gerungen wird

In der CDU, mit Blick auf das ungleiche Gespann Merkel–Merz: «Mit den beiden wird das wohl nie mehr was.»

Franzen habe sich in Sachen Cross-Border-Leasing in der Sitzung des CDU-Kreisvorstands über den Tisch ziehen lassen.

ESARI funktioniere nur bei Standards.

In Österreichs Anti-Atom-Politik finde sich wenig bis gar nichts von den Experten-Forderungen wieder.

Der steigende Konkurrenzdruck durch den illegalen Strich und neue Etablissements seien Gründe dafür, dass sich die Kärtner Bordellszene in den Haaren liegt.

Das Polizei-Wachzimmer am Salzburger Bahnhof sei nicht gerade das beliebteste.

Die Gespräche zwischen Kassen, Ärzten und Apothekern über die Spezifikationen der neuen Gesundheitskarte seien festgefahren.

Die gay-games seien eine Abzockveranstaltung.

Mit «Business to Consumer»-Anwendungen sei nichts zu verdienen.

Beim Aufbau eines neuen Digitalfunknetzes für die Sicherheitskräfte sprechen einige gute Gründe für eine Bündelfunk-Lösung auf dem Tetrapol-Standard.

Die große graue Eminenz in der Neurophysiologie des Riechens, der US-Biologe Richard Axel (58), sei ein Machtmensch und neige zur Arroganz.

Kaum ein Vermögensverwalter könne es momentan gegenüber seinen Kunden rechtfertigen, warum er für eine Leerverkauf-Leihgebühr von 0,5% einen Kurssturz der Aktie von 3% pro Tag riskiere.

IBM hat sich als Dienstleister nicht gerade mit Ruhm bekleckert.

Täter, die mit duplizierten Karten und geklauten Pins Konten plündern, gehen mit hoher krimineller Energie vor und sorgen bei allen Instituten für große Probleme.

In der deutschen Sportorganisation gibt es zu viele konkurrierende Entscheidungszentren und zu wenig kompetente Führungspersönlichkeiten.

Wen soll man beim Eiskunstlauf denn nun bestechen?

Allgemein bildende Schulen wissen oft nicht genau, wie Berufsvorbereitung aussehen soll.

Im Jahr 2002 habe es geradezu regelmäßig Schwierigkeiten mit dem Geld für die Frankiermaschine des Ahrensburger Amtsgerichts gegeben.

Man-Koso, ein neues Wundermus aus Japan, helfe sogar gegen Krebs.

Das Volk schreit danach, endlich einmal wieder Schranken gesetzt zu bekommen.

Es ist nicht gut, wenn das einzige Info-Heftchen zu einem neuen Gesetz von der PDS herausgegeben wird.

Nach der Übernahme von Aventis erwartet die Bundesregierung ein Entgegenkommen aus Paris.

Ohne das von der US-Regierung unterstützte so genannte Offset-Program wäre der Ausbau des oberschlesischen Opel-Werks in Gleiwitz nicht möglich gewesen.

Die großen Kreditinstitute wollen es sich nicht mit der Politik verderben.

Tübinger Nachsorgestationen können jungen Ärzten keine beruflichen Perspektiven mehr eröffnen.

Pocken erreichen nach einem Ausbruch irgendwo auf der Welt innerhalb von 48 Stunden (unerkannt) den Frankfurter Flughafen – und verteilen sich von dort aus weiter.

Was alles ist dem Rotstift zum Opfer gefallen?

Jeder vierte Briefkasten der Deutschen Post AG

68 von etwa 500 Zeitschriften am Heidelberger Südasien-Institut (SAI)

Bei der Bank of America in den letzten Jahren: rund 35 000 Arbeitsplätze

Der abendliche Treffpunkt für Jugendliche auf der Bieler Arteplage

Der Berliner Ökoführerschein

Der ursprünglich von Politikern versprochene Tunnel unter dem Erzgebirgskamm

Die 120 000 Euro teure Erneuerung des Hallenbodens in der Lampertheimer Hans-Pfeiffer-Halle

Fassadenschützende Dachüberstände an Traufe und Giebel mit ihren reizvollen Gesimsen ebenso wie Eingangsvorbauten und Vordächer über Haus- und Hoftür der meisten Neubauten heutzutage

Die bis dahin 50-prozentige Förderung des Baus einer Kleinkläranlage im Oderbruch

Der geplante Kreisbetriebshof im Gewerbegebiet Duben

Die angedachte Richterparkplatz-Parkgarage in Möhringen

Die Musikbetreuung des Bürgerschaftshauses im Kölner Stadtteil Bocklemünd

Der Senatsbeschluss, den Wohnwagenstellplatz Dreilinden an der Berliner Stadtgrenze winterfest zu machen und eine Kanalisation für die Sanitäranlagen zu bauen

Das angebliche Herzstück der hessischen Sozialpolitik, die so genannte Familienpolitische Offensive

Die USB-Schnittstelle beim Stylus Color 670

Kein einziger Wunsch vonseiten der Feuerwehr Nöttingen

Das kleine Krankenhaus in Artern

Das stressende Zeitlimit bei ‹Pikmin 2›, dem Nachfolger des überaus erfolgreichen Denkspiels für Nintendos Gamecube

Die Stelle des Semesterticket-Verantwortlichen in Münster

Der Kleinkinder-Spielplatz im Risirain

Die IR-Abteilung in vielen börsennotierten Unternehmen

Der Bau eines Radweges von Mauna nach Lommatzsch

Die Stelle eines Hundesteuerkontrolleurs für die Stadt Mainz

Viel Wünschenswertes in Wiesbaden

Was ist Politikern egal?

Wie man mit dem Geld vom Volk umgeht. Denn die Zeche zahlt nie der reiche Mann – nur immer der arme Schlucker.

Wenn die Leipziger Studenten 'ne Weile nicht zur Uni gehen

Was, wie und wo in Köln-Porz gebaut wird

Leute, die ohne eigenes Verschulden verarmen

Ob man sich zum fünften Mal scheidet und ein siebtes Mal wieder heiratet

Dass Rauchen schadet, blabla. Es ist nicht okay, dass sie das noch teurer machen.

Gefangene

Zwei fiebernde Bälger, die kotzend in eine Trambahn steigen und deren Mutter sich während der Fahrt spontan zu einem Windelwechsel auf dem Sitz inklusive Entsorgung der biostoffbefallenen Pampers auf einem Fahrkartenautomaten entschließt

Ob es dem Volk gut geht oder nicht

Wie die Pisa ausfällt

Menschenleben

Was sich in der Metal-Szene Russlands abspielt

Ob Familien auseinander gerissen werden

Ob Schüler die Schule schwänzen oder nicht

Wie es der Bevölkerung im Umfeld unserer Atomanlagen geht

Was aus den fast 600 Angehörigen des freiwilligen Polizeidienstes in Berlin wird

Wie etwas erzeugt wird, solange es günstig auf dem Weltmarkt verkauft werden kann

Wodurch genau die Menschheit untergehen wird. Hauptsache, noch mehr Atomwaffen, noch mehr Industrie und giftige Abgase

Dass Millionen Menschen gegen den Golfkrieg waren

Was mit Kindern in nichtprivaten Schulen passiert

Ob der Arbeitnehmer in einem Haus wohnt oder unter der Brücke haust

Ob sie mal eben ein paar Milliarden versemmeln für nix

Ob der einzelne Bürger wählen geht oder nicht, solange nur irgendjemand sie wählt

Dass das Pflegepersonal irgendwann an den Grenzen seiner Kräfte ankommt

Wie die Menschen zur Arbeit kommen

Was nach Schließung von Berlins größtem Umweltprojekt für Kinder, dem Haus für Natur und Umwelt in der Wuhlheide, aus den mehr als 300 Tieren hätte werden sollen

Die Arbeitslosenzahlen

Dass die Schweizer Bevölkerung bei einem EU-Beitritt nur verliert

Wie es uns geht

Ob ein Asteroid uns auslöscht

Wozu ist die Regierung nicht in der Lage?

Im Irak: die Lebensbedingungen zu verbessern und Sicherheit zu garantieren

In Bolivien: so eine Kleinigkeit wie eine Pumpe zu reparieren

Im Sudan: die Krise in Dafur zu entschärfen und den Schutz der Bevölkerung der westsudanesischen Krisenregion allein zu gewährleisten

In Sambia: dringend benötigte Lehrer sowie Gesundheitspersonal einzustellen

In Ungarn: den massiv an der ungarischen Energiewirtschaft beteiligten westlichen Unternehmen die zugesagten Renditen zu garantieren

In Albanien: die Einheimischen zu versorgen

In der Türkei: mit den politischen Gefangenen in den herkömmlichen Knästen fertig zu werden

In Kuba: die einheimische Währung frei konvertibel zu machen

Im indischen Bundesstaat Meghalaya: durchzusetzen, dass ihre Angestellten trotz einer von KSU oder HNLC initiierten freiwilligen Ausgangssperre zur Arbeit gehen

In Argentinien: Staatsdefizit plus -neuverschuldung um nur einen einzigen Peso bzw. Dollar anzuheben (sic!)

In Österreich: ein bundesweites Sprachkurs-Angebot für MigrantInnen bereitzustellen, das auf deren Bedürfnisse abgestimmt ist

Die vielen hunderttausend gemäßigten Siedler in der Nähe der israelischen Metropolen im Stich zu lassen

In Großbritannien: Auch ein Jahr nach dem Angriff auf Irak, diesen zu rechtfertigen.

Im Iran: Löhne oder Subventionen abzubauen

In der Schweiz: die anstehenden Probleme zu lösen

In Thailand: schnell und ausreichend für Hilfe zu sorgen, da nicht genügend Reserven für Rettungsfonds zur Verfügung stehen

In Tansania: jedem Menschen Rechtshilfe zu gewährleisten

In Italien: die Ausgaben der öffentlichen Hand zu bremsen

In Nigeria: die Flutwelle der Korruption einzudämmen

In Russland und Afrika: die Vielzahl ihrer bewaffneten Sicherheitsorgane angemessen zu alimentieren

In einem potentiellen Einmarschland für die USA (zwecks Befreiung, Demokratisierung usw.): sich selbst zu helfen

In Brandenburg: dem Land eine Zukunft zu geben

Was steht nicht im Grundgesetz?

Dass Siemens seinen Firmensitz in Deutschland haben muss

Die Unabhängigkeit der Staatsanwälte

Ob es erlaubt oder verboten ist, sich mit Waffen zu versammeln

Dass die Wirtschaft sozial zu sein hat

Dass in jedes Wohnzimmer und jedes Haus ein PC gehört, der so einfach zu bedienen ist, dass es jeder kapiert

Der neue, dehnbare Begriff «Fortentwicklung des Bildungswesens»

Die Unschuldsvermutung

Dass man, trotz Glaubensfreiheit, eventuell hinterher verarscht wird und dass Theater gemacht wird, wenn man an den heiligen Staubsauger glaubt

Die Antwort auf die Frage nach dem «Wie viel» an Solidarität in einem der reichsten Länder der westlichen Welt

Wie sich eine Ehe oder eine Familie zusammensetzt

Ökosteuer

Dass man Arbeitserlaubnisse, Studiengenehmigungen, Aufenthaltsgenehmigungen und selbst Staatsbürgerschaften wie Sandkörner um sich streuen muss

Dass man mit BILD oder sonstigen Medien reden muss

Dass die Regierung eine Störung des Gleichgewichts vorschlagen soll, um eine selbst verschuldete Liquiditätskrise im Bundeshaushalt durch neue Schulden decken zu können

Was Religionsunterricht zu beinhalten und wer ihn zu erteilen hat

Dass zur Staatsform auch eine gewisse Kultur in der Auseinandersetzung gehört

Das Recht auf Arbeit – einfach das Recht, sich seinen Lebensunterhalt durch eigener Hände Arbeit zu verdienen

Mitbestimmung in einer AG

Dass Gehör in der Öffentlichkeit faktisch sich nur verschaffen kann, wer über das nötige Kapital (Fernsehsender, Verlage, Zeitungen) verfügt

Dass Gewinnmaximierung und Profit das höchste Gut der Menschen sein sollten

Die völlige Transformation der Bundeswehr von einer Verteidigungsarmee mit Wehrpflicht (die für Heimatschutz, Katastrophenschutz und Landesverteidigung zuständig ist) hin zu einer Armee, die sich in erster Linie darauf konzentriert, internationale Einsätze zu begleiten

Dass den Wirtschaftsbossen all ihre Wünsche zu erfüllen sind

Tierschutz

Dass Toleranz leicht fallen oder Spaß machen muss

Dass Kinder das Recht haben, interaktive Videospiele zu spielen, durch die sie den Umgang mit Waffen lernen, oder solche, die die Zerstörung von Gottes Schöpfung simulieren

Recht auf Mobilität

Dass die Autofahrer ein Recht auf Autobahn haben

Was bedeutet die EU-Erweiterung?

Dass sich die Außengrenzen der EU geändert haben

Für Österreichs Trockenbauer zugleich Risiko und Chance

Einen verschärften Standortwettbewerb

Das endgültige Aus für die schwimmende Schnäppchenjagd in Deutschland – Butterschifffahrt ade!

Eine sauberere und gesündere Umwelt für alle

Dass auch die European Environment Agency größer wird

Mehr Direktinvestitionen

Eine Horizonterweiterung für die Unternehmen und ihre Mitarbeiter

Auch Veränderungen, die für manche Betriebe hart sein können

Dynamik und zwangsläufig noch mehr Verkehr durch Sachsen-Anhalt

Wir haben neue Nachbarn gewonnen und sind alten Nachbarn näher gekommen.

Dass viel zu tun ist, um die Beitrittsländer in die EBR zu integrieren

Die endgültige Überwindung der Spaltung Europas durch den Kalten Krieg

454 Millionen Verbraucher, die keinen tariflichen Bestimmungen, speziellen Quoten oder anderen Handelsbarrieren unterliegen

Den Startschuss für eine Offensive des Neokolonialismus insbesondere gegenüber den osteuropäischen Ländern

Eine Stärkung von Stabilität, Freiheitsrechten und Demokratie in Europa

Dass Lufthansa beispielsweise Tallinn neu in den Flugplan aufgenommen hat

Eine Ausdehnung des Binnenmarktes

Nicht nur eine Chance, sondern auch eine Verantwortung für alle Beteiligten

Nicht nur eine große Herausforderung, sondern auch eine einmalige Chance für die NÖ-Grenzregionen, und hier besonders für das Weinviertel

Einen gierigen Griff nach den russischen/östlichen Öl- und anderen Ressourcen

Eine Chance, von der nicht nur Europa, sondern die ganze Welt profitieren wird

Keinen Wegfall der Grenzkontrollen an der bisherigen österreichischen Grenze zu Slowenien

Dass die Beitrittsländer dieselben Rechtsvorschriften und somit auch dieselben Produktions-, Lebensmittel- und Qualitätssicherungsstandards einhalten müssen

Keine Ausweitung der organisierten Kriminalität

Eine enorme institutionelle Herausforderung

Dass die Literaturen der neuen Staaten mehr in westeuropäische Sprachen übersetzt werden und eine neue Möglichkeit entsteht, sich mit anderen Literaturen zu konfrontieren

Nicht Verarmung!

Dass der EU ihre Kompetenzen auch bei den Staaten, die neu beigetreten sind, zur Verfügung stehen

EBR-Erweiterung. Mit anderen Worten: Die Arbeitnehmer in den neuen Mitgliedstaaten sind dazu berechtigt, in den bestehenden europäischen Betriebsräten vertreten zu sein.

Aus einer Stadt am Rande der EU wird Berlin zu einer Stadt in der Mitte eines geeinten Europas.

Mehr Chancen für Korea

Wer ist ein Wackelkandidat?

Das Konsumklima, erklärt die Gesellschaft für Konsumforschung.

Die Aktie der Software AG

Ein Bodeboot, freilich immer

Die Astschere von Lidl für 3,99 Euro. Der Teleskopgriff rastet nicht richtig ein, bewegt sich vor und zurück.

Die 185-Tage- = 6-Monate-Regel

Primacom, bez. Wirtschaftlichkeit, Kreditzinsen usw.

Karstadt-Quelle. In jedem Depot

Der 1. FC Köln. Zu gut für die 2. Liga, aber zu schlecht für die 1. Liga

Coolio – der kann rappen, aber nicht singen.

Emule. Nicht nur mit AOL

Der Raubzug (beim Spiel «Die Siedler von Catan»), der ja immer mal nach hinten losgehen kann

Der PDS-Spitzenkandidat. Die Hauptstadtsozialisten wissen ganz genau: Auf Gregor Gysi ist kein Verlass.

Der Astra-Turm. Wegen des 135 Jahre alten Untergrundsiels drohte das Ungetüm zwischen Hopfen- und Bernhard-Nocht-Straße auf St. Pauli zu kippen.

Die TUI, ehedem der Börsenstar mit der starken Story

Japan. Es begann mit der so genannten Bubble-Economy. Die Blase platzte 1991, als zahlreiche neue Bürogebäude in Tokio nicht belegt wurden – eine typische Immobilien-Krise.

Der von der Pleite bedrohte Telefondienstleister Mobilcom

Der Bauelemente-Spezialist Epcos – Marktkapitalisierung und Börsenumsatz rechtfertigten einen Platzverweis.

Die Ballade, in den letzten Jahren, beim Eurovision Song Contest

Der Grundschulstandort Buchholz. Für das Schuljahr 2009/10 werden nur noch zwei Einschulungen erwartet.

Die Türkei. Sie will rein, reformiert sich bis zum Gehtnichtmehr, nur hat sie mit der Tatsache zu kämpfen, dass sie in der jetzigen EU eigentlich keiner haben will.

Die LOGITECH MX1000, die erste optische Funk-Maus, die statt einer LED einen Laser zur Abtastung verwendet. Einzelne Modelle liegen auf glatten Oberflächen nicht plan auf und kippeln.

Die Panasonic FX7 bei der Kamerawahl sicher nicht, abgesehen vom wackeligen Batteriefach

Was kommt beim Wähler nicht gut an?

Die eigene Politik schlecht reden und dann nichts ändern

Dafür zu plädieren, einzelne Berliner Schwimmbäder zu schließen, obwohl Berlin im Bundesvergleich viel zu gut mit Bädern ausgestattet ist

Schröders Reformkurs

Das «wir oder die»

Die Öko-Steuer. Weil nicht klar gemacht werden konnte, wohin diese Steuern fließen

Arroganter Unterton

Wenn durch Studiengebühren die im internationalen Vergleich ohnehin bescheidene Zahl der Studierenden in Deutschland weiter in den Keller sacken würde

Euroskepsis

Übermäßiger Reformeifer. Das zeigen Beispiele aus anderen europäischen Ländern.

Eine Partei, die sich zankt

Sich mit emotional behafteten Wesen wie Kindern oder Tieren politisch anzulegen oder ihnen die Unterstützung zu versagen

Korruption

Das Gefühl, im Rechtsstaat seien manche eben gleicher als gleich

Das «Christliche»

Eigenes Verschulden ständig als Medienverschwörung hinzustellen

Höhere Pflegeversicherungsbeiträge für kinderlose Bürger als für Erziehende oder diejenigen, die einmal in ihrem Leben Kinder erzogen haben

Ein Kandidat mit schlechter Persönlichkeit

Schröders «Politik der ruhigen Hand»

Die Haltung von Angela Merkel im Irakkrieg

Unglaubwürdigkeit

Übellaunigkeit

Und die schweigende Mehrheit?

Ganz sicher ebenso gegen den Krieg wie Teilnehmer an Friedenskundgebungen

Einfach nicht in der Lage, sich selbst zu helfen

Ist zufrieden

Reagiert auf einen Holztrog mit Erde samt Inschrift: Hans Haackes Installation für den Reichstag, provoziert.

Name von Ruedi Stubers Begleitband

In Amerika genauso in den Po gekniffen wie wir, während das dicke Geld in Texas hockt und Welt-Monopoli spielt

Ist für den Ausbau des Flughafens Holtenau

Wahrlich kein deutsches Problem – nur zwei Beispiele:
1. Österreich: u. a. Adolf, Waldheim, Krenn
2. Amerika: u. a. Indianer, Vietnam, Irak

Ist in der Regel Trost für jene, die eine Wahl verloren haben

Erscheint im dritten Akt von Robert Wohllebens Stück «Wer ist das Rotkäppchen?» als Diaprojektion

Selbst schuld, wenn sie ihr Wahl- und Stimmrecht nicht ausübt

Leichter zu ertragen als die brüllende

Im Kosovo: normale Albaner

Mit der Bundesbahn zufrieden, ist sich Herr Mehdorn sicher

Ist gegen Gewalt

Hat bislang in der BRD die Demokratie gewählt

Hält sich sowieso an die Regeln

Kann instrumentalisiert werden, wenn Konflikte politisiert und zu grundlegenden Wertekonflikten stilisiert werden

Ist zufrieden mit ihrem Handy

Sieht das so: Die Ehe ist eine christliche Institution, und gays haben da nichts verloren.

Will Frieden mit Israel

Konnte möglicherweise bei Hubert v. Goiserns Konzert in Manhattan mit leisesten Volksliedern, lautesten Rocksongs, einem Instrumentarium von Horn über Ziehharmonika, Gitarre und Trompete bis zur Pfeife und schräg-witzigen Zwischenkommentaren in perfektem Englisch nichts anfangen

Lässt sich von Moralisten beeindrucken

Wird, wenn nur noch ein Häufchen Studenten durch die Straßen zieht, gerne von der Politik vereinnahmt

Ist ungenügend informiert

Will, in allen Nationen, die Wahrheit gar nicht wissen, weil die Konsequenzen höchst unangenehm wären

Gescheiter als viele Entscheidungsträger, wenn es um den Grazer Verkehr geht

Kann ganz schön laut sein

Ist keine homogene Masse. Aus ihrem Schweigen kann man keinesfalls eine grundsätzliche Zustimmung ableiten.

Ein Mythos, vor allem der Rechten

Ist entscheidend

Will einen sicheren Gleitschirm mit möglichst guter Leistung

Muss sich zu Wort melden

Sport

Womit gewinnt man keinen Blumentopf?

Mit ohrenbetäubenden Soundeffekten

Mit Optik allein

Wenn man sich auf einer Messe nur vor seine textlastige Posterwand setzt und auf Kundschaft wartet

Ohne Trikots nass zu schwitzen

Mit kurzatmigen Aktivitäten

Noch immer auf Taktik zu setzen, während andere Nationen Fußball spielen

Rumjammern

Mit veganer Rohkost, gerade als Sportler

Mit so einer Einstellung, die Feuer, Leidenschaft und den unbändigen Siegeswillen komplett vermissen lässt

Wenn man nur reagiert

Wenn man in München die Zweikämpfe nicht annimmt und dagegenhält

Die Firma Kawasaki 1966 auf dem US-Markt: mit der 650er W1

Mit einem Pylonflieger mit verzogener Fläche

Mit Patientenaufklärung. Für die Karriere wichtig ist, zu forschen und zu operieren.

Diesem Mega-Haken: ATI Rage 128

Mit Agenda 2010 und Hartz IV im Ruhrgebiet, wo die Arbeitslosenquote zwischen 20 und 25% beträgt

Mit einem 350-seitigen Aufsatz über die Telekom

’nem ALU-CPU-Kühler

Mit so einem 10.-Klasse-Zeugnis, falls das mit dem Abi in die Hose geht

Themen wie «BH-Verbot für deutsche Lehrerinnen ab 1. April in Europien»

Mit dem Argument, man müsse mit mehr Stau das Leid vergrößern, um die Meute zum Umsteigen auf öffentliche Verkehrsmittel zu zwingen

Besserwisserei und privaten Fehden

Einstudierten Verhaltensregeln und Flirtmethoden

Im Falle einer Erkrankung an Zöliakie: mit Krankengymnastik die Grobmotorik verbessern zu wollen

Mit einer Katze, frisch aus dem Garten

Nervosität

Wenn man Dinge tut, nur aus Freundlichkeit, oder aus (falscher) Höflichkeit anderen gegenüber

Mit einem Protagonisten, der nur ängstliches Opfer ist

Stichelei

Mit einer durch ständige Fahrten strapazierten Mannschaft. Ein Trainingsplatz direkt neben der Unterkunft wäre viel besser.

Mit Partyveranstaltungen in Lehrte

Ohne FullSize-Banner

Mit einem klassischen restsüßen Kabinett. Mit einem durchgegorenen aber auch nicht – ab Kabinett aufwärts schmeckt alles irgendwie nach Eiswein.

'**n**er Hand voll blöder Levels und maximal 4 Spielern

Mit Alten

Mit einmal im Jahr Rasen mähen, fünfzig Zwiebeln setzen und abends gießen

Mit einem «schönen» Spiel, wo man verliert

Wo wird mit harten Bandagen gekämpft?

Im Wettbewerb um die verfügbare Regalfläche im Supermarkt

Auf dem Markt der Automobilzulieferer

In der Schlacht um die Tintenköpfe, zwischen Drucker- und Refill-Herstellern

Wenn Frauen gegeneinander antreten

Im äußerst lukrativen Outsourcing-Geschäft

Im milliardenschweren Pharmamarkt

Im gehobenen Premiumsegment

Im flauen Kraftwerkmarkt

Beim «Red Bull Crashed Ice»

Im Sledge-Eishockey

Bei Tanzturnieren

Im Durbacher Bürgermeister-Wahlkampf

Auch im irischen Mobilfunk-Sektor

Unter den Anbietern von Funds of Funds

Bei den Call-by-Call-Angeboten

Im Bereich Third-Party-Maintenance

Auf dem Windelmarkt

Im Kampf um Märkte und ideologische Einflusssphären

Beim Werben um Spenden

In Abwerbe-Duellen

Im Wettbewerb der Hochgeschwindigkeitszüge um die lukrativen Strecken der Welt

Auf der Karriereleiter

Im Reifenkampf

Hinter den Kulissen der Mainzer Fastnacht

In den Organisationen des Gesundheitswesens

Wenn es um Posten geht

Wenn es ums Geld geht

In harten Zeiten

Hinter der schönen Fassade der progressiven Welt

Auf Baustellen

Im Käsegeschäft

Auf der Welt

Was kann im Eifer des Gefechts schon mal vorkommen?

Mit Turnschuhgröße 43 versehentlich auf Gabys nackten Zehen landen

Von der Couch fliegen

Ein paar Tröpfchen verlieren

Rechtschreibfehler

Vergessen, das Rollo herunterzulassen

Den roten Faden einer Geschichte verlieren

Dass man sich verrennt

Stupides Fallen in Löcher

Dass die vergewaltigte Frau vom Richter als Angeklagte bezeichnet wird

Dass auch dem Maurer-/Verputzer-Profi mal ein Fehler unterläuft

Eine Batterie verkehrt herum einlegen

Abzuspeichern vergessen

Dass der Chorleiter mit dem Klavier kollidiert

Dass Dinge passieren, die sonst wohl nicht passieren würden (niemand weiß es besser als Fußball spielende Menschen)

Dass ein Dankeschön vergessen wird

Dass Sie bei Ihrer Argumentation die Gesetze der Logik außer Acht lassen

Dass einem ein derbes Schimpfwort entwischt

Dass bei zu kleinen Fensteröffnungen ein Tier stecken bleibt und sich verletzt/stirbt. Auch Ratten

Abflug eines Carrera-Autos

Dass man einzelne Rechte versehentlich nicht vergibt

Dass man die Karte entnimmt, obwohl die Kamera noch nicht abgeschaltet ist

Etwas Dummheit – bei den besten Leuten

Dass die Jazz-Samba als «Verquickung des Jazz mit dem argentinischen Bossa Nova» durchgeht

Fouls beim Kegelfußball

Dass man sich abrupt wenden muss

Missverständnisse und ungewollte Eskalationen

Dass man einen kleinen Schnurbuckel auf die Spule legt

Etwas zu viel löschen

Dass die Ramp mit 'ner Satchel gesprengt wird

Team Killing und Attacks

Bei Dorffesten irgendetwas beschädigen

Feuchtfurze

Die falsche Taste drücken und so in den sicheren Untergang rasen

Was bleibt häufig auf der Strecke?

Die Entwicklung von Können und Problemlösungskompetenz

Das Kindeswohl

Das Management neuer IT-Investitionen

Eine inhaltliche Orientierung der Mitarbeiter

Der Spaß am Lernen

Die qualitative Seite, Sinn und Werte

Das charakteristische Ortsbild

Innovative und individuelle Baukultur

Das Besinnen auf die eigene stabile Gesundheit

Die Lebensqualität

Das kulturelle Erlebnis

Der interreligiöse und interkulturelle Dialog

Die Kommunikationsfähigkeit

Der unter Forschenden so unerlässliche Erfahrungsaustausch

Das Privatleben

Eine umfassende Berichterstattung

Der Datenschutz

Der Informationsgehalt

Die Effektivität, die Maximierung der Werbewirkung

Die Ess- und Küchenkultur

Der gesunde Humor und der damit verbundene freundliche und familiäre Kontakt zu den Kunden

Die persönliche Wertschätzung

Die Feinabstimmung von Bewegungen (im Alltag eines Büromenschen)

Die Umsetzung

Freunde und Hobbys

Langfristige Beziehungen

Der Nährwert

Soziale Nachhaltigkeit in der Personal- und Unternehmenspolitik

Der Patient

Die Freundlichkeit

Der Einzelne

Der Bahnwärter

Klassische Eigentore

Die Entwaffnung der dänischen Armee durch die deutsche Besatzungsmacht 1943

Boykottaufrufe des Transportgewerbes gegen On-Board-Units

Das Angebot der Europäischen Union zur Abschaffung der Exporterstattungen

Die Fundamentalopposition mancher Bauernvertreter in der EU

Schröders und Fischers vehementer Einsatz für den EU-Beitritt der Türkei

Erdogans Erwägungen, Ehebruch unter Strafe zu stellen

Jürgen Rüttgers Slogan «Kinder statt Inder»

Peter Harry Carstensens Forderung, einige Feiertage abzuschaffen

Die Äußerungen des stellvertretenden Vorsitzenden des Verbands Region Stuttgart-Hofelich bez. regionaler Job-Center

Dr. Michael Meisters Vergleich zwischen der Koch-Affäre und Vorgängen in Nordrhein-Westfalen

Die von der Landesregierung geplante Fusion und Privatisierung der Uni-Kliniken Marburg und Gießen

Koalitionen einzugehen mit der PDS, die dadurch von der SPD wieder hoffähig gemacht worden ist

Die von den obersten Hütern des Weltfußballs ausgebrütete neue Abseitsregel. Sie wird nichts bringen außer Zeitverlust und kompletter Verwirrung.

Das fehlerhafte, zu heftigen Crashs neigende Fußball-Manager-Spiel «Anstoß 4» von der Spielfirma Ascaron

AS Roms Einspruch gegen das ohnehin äußerst milde Randale-Urteil zum römischen Derby, das am 21. März 2004 kurz nach der Halbzeitpause abgebrochen worden war

Die Idee der Musikindustrie, CDs mit einem Kopierschutz zu sichern, der sie faktisch unabspielbar macht

Die Rabatt-Schlachten, mit denen sich der Handel seinen Umsatz kaputtgemacht hat

Barbra Streisands Klage gegen die Veröffentlichung eines Luftbildes ihres kalifornischen Hauses im Internet

Die fristlose Kündigung von SWR-Moderator Gunter Haug, dessen Roman «Höllenfahrt» den Betriebsfrieden gestört habe

Der von ARD und ZDF mit Kirch geschlossene Knebelvertrag über Ausstrahlungsrechte bei der Fußball WM 2002

Die verschärften Kontrollen des Bundesgrenzschutzes an der deutsch-schweizerischen Grenze

Als Händler seine Holzpellets damit anzupreisen, sie entsprächen den Qualitätskriterien der ISO 1928

Bürgermeisterin Brigitte Kruzas Hinweis auf die «zahlreich vorhandenen Abfalleimer» in Seeheim. Zwar sind diese vorhanden, doch für ihre Entleerung ist offenbar niemand verantwortlich.

Was gleicht einem Spießrutenlauf?

Ein Spaziergang durch die Altstadt von Side/Türkei

Das Leben vieler Schwuler

Elegante Schuhe zu finden, wenn man keine schlanken Füße hat, sondern Quadratlatschen in Größe 42

Zwischen Aschaffenburg und Goldbach die Elsässer Straße (30er Zone) mit Kinderwagen zur Fasanerie entlangzugehen

Der morgendliche Weg zur 10 Min. entfernten Bushaltestelle in Kawanishi, zu Wahlkampfzeiten

In Marrakesch über den berüchtigten Jemaa al Fna (Platz der Geköpften) zu schlendern. Aus allen Ecken und Enden tönt es: «Vous cherchez un restaurant?», «You want a guide?»

Der Weg zu Sehenswürdigkeiten ärmerer Länder – durch einen Spalier aus Armut und Schweigen

Als Afrikaner in St. Gallen leben – endlose Identitätskontrollen und zahlreiche Körperdurchsuchungen

In Bayern die Abnahme von religiösen Zeichen von Klassenzimmerwänden zu fordern

Der Weihnachtsboykott des amerikanischen Ehepaars in «Das Fest»

BG-II im Multiplayer

In Augsburg an der Haustür von Thairose (sehr hübsche Thai, allerdings nur eine Hand voll Busen) zu klingeln. Gegenüber mehrere Einkaufsmärkte – man wird permanent beobachtet.

Die Ozonbelastung Badens in Erfahrung zu bringen

Die Justiz Indiens

Der Weg zur öffentlichen Entsorgungsstelle in Zürich-Unterstrass über die verslumende Kronenwiese: eine total verdreckte wilde Abfalldeponie, Hunde, Hütten, Wohnwagen, Lärm

Grenzkontrolle in Costa Rica

Spaziergang mit einem lahmenden Hund. Von allen Seiten wird man angequatscht, was das arme Tier denn habe.

Als Hundehalter in Ballungsgebieten spazieren zu gehen: Pöbeleien und Tätlichkeiten von selbst ernannten Ordnungshütern

Matthias Sammers Weg zur Pressekonferenz nach einem 1:2 (0:1) in Rostock

Das Verlassen des Zürcher Letzigrundstadions, für Fans der Young Boys Bern

Öffentlichkeitsarbeit für den Maßregelvollzug

Der Weg in die Ingenieurwissenschaften für junge Frauen. Die männliche Dominanz schreckt ab.

Der Job, wenn er als so genannte Quotenfrau erlangt wurde

Als Streikbrecher durchs Werkstor gehen

Jeder Gang ins Büro, für Mobbingopfer

Die Rückkehr in einen Betrieb nach einem gewonnenen Kündigungsschutzprozess

Wer steht im Abseits?

Lieblingsfach Sport. Für eine dritte Wochenstunde sind Kinder und Jugendliche in Sachsen-Anhalt zu schlapp.

Wer immer noch denkt, Fußball und Alldays passen nicht zusammen. Die verbesserte Klebefläche sorgt für optimalen Halt.

Borussia Dortmund – mindestens 60 Millionen Euro minus

Die Bundesliga. Der internationale Stellenwert des deutschen Fußballs ist gering.

Deutschrap

CNN

Die deutsche Chirurgie

CDU-Finanzexperte Friedrich Merz

Psychisch Kranke. Man sagt: Der oder die ist ja nicht normal.

Diabetiker

Nutzer (heutzutage) des von Bayer entwickelten, bis in die dreißiger Jahre weltweit vertriebenen Diacetylmorphin (Heroin)

Nivea Baby Milde Cremeseife. Sie führt ein Schattendasein neben all den Lotionen, Gels, Creme- und Flüssigseifen.

Der Konsument

Die Menschenrechte

Die freie Kunst, in kulturpolitischer Hinsicht

Die Mehrheit der Menschen

Die Studie zu Langzeitwirkungen der elterlichen Ehescheidung auf Kinder, von Judy S. Wallerstein und Professor Julia Lewis

Edmund Stoibers Positionen in Fragen der Familien- und Gesellschaftspolitik

Wer homosexuell ist

Wer Deregulierung hinterfragt – sie ist zum Dogma geworden.

Ein Luftquirl – Albtraum für die Einwohner von Lübau: Windräder quirlen ihre frische Landluft durcheinander.

Der i820, der einen Rambus-Kanal besitzt

Die Binnenschifffahrt

Afrika

Die Schweiz, innerhalb Europas isoliert

Die NATO

Der Chef im Elefantengehege des Hamburger Zoos, mit Hussein, seiner Lieblingskuh. Elefantenbullen sind Einzelgänger und treffen nur auf eine Kuh, wenn sie paarungsbereit sind.

Uschi Glas, vom Ehemann verlassen und vom beruflichen Absturz bedroht

Wer nicht mitmacht

Wer hat die Arschkarte gezogen?

Jemand, der aus mehreren Möglichkeiten das Schlechteste ausgewählt hat

Wer einen Krieg anfängt und verliert. Der ist eben auf immer der Aggressor.

Jeder schlecht geskillte Char. Deswegen heisst es schlecht geskillt.

Einer, der ein lieber Kerl ist und noch nicht einmal einem einzigen Gottesgeschöpf etwas angetan hat

Das Volk

Wer psychisch labil oder einfach sensibel ist

Wer als Letzter seine Daumenspitze auf die Tischkante legt – er bekommt eine Gesichtsoperation.

Einige Prüflinge an der IHK München, die ganz bestimmte Quoten hat, wie viele durchrasseln – und Schluss, aus.

Wer beim Bescheißen erwischt wird

Wer im Knast landet. Sein ganzes Leben wird er diesen Stempel tragen.

User, die mit falscher Software und ohne Ahnung ONBOARD flashen

Wer kein geeignetes Werkzeug besitzt, um das Kabel seiner alten Sonde an die billigere anzubringen

Wer sich wirklich 'ne Audio-CD von WMA-Dateien brennt

AC2 – weil es zur DAoC-Hochkonjunktur kam

Literaturprofessor Grady Tripp (Michael Douglas). Seine Frau hat ihn verlassen, weil er sich nie richtig um sie gekümmert hat.

Wer kein DSL bekommen kann

Johannes. Er musste ins matschige Labyrinth.

Urlauber mit Pool im Hof (= aufblasbare Badewanne), in geselligem Umfeld (= nur deutsche Kneipen) und Strandnähe (= 8 km)

Chris Norman in der Comebackshow: Duett mit C. C. Catch

Wer nicht cool ist

Saddam

Wer die Köchin als Charakter bekommt: 1,55 m groß, 115 kg schwer

PDS-Wissenschaftssenator Thomas Flierl

Wer seine EC-Karte verliert

Einer von 8 Leutz im VW-Bus. Die anderen haben Glück – dürfen schon auf der Fahrt zum Stadion Sabbelwasser trinken.

Wer auf dem Land wohnt und kein Auto hat

Niedersachsen. Das schönste aller Bundesländer darf für die nächsten 100 000 Jahre den Atommüll unserer Zeit beaufsichtigen.

Neapel, wenn man mit den richtigen Lehrern dort ist. Eine Woche Saufen ohne Ende ist schon geil.

Unsere Generation, sagt einer nach dem vierten Bier

Die Oma, die in der Nachkriegszeit Trümmer weggeräumt hat

Schiedsrichter, die Rot zeigten – bevor es Farbfernsehen gab

Die Kehrseiten einiger Medaillen

Wer es nicht schafft, einen Werbespot oft genug zu wiederholen, muss natürlich Konventionalstrafe löhnen.

40 % bis 90 % aller Gefängnisinsassen litten als Kind – weder diagnostiziert noch behandelt – an ADD und/oder Legasthenie

Als Vorstandsvorsitzender muss man bei belastendenden Entscheidungen wirklich sagen: Okay, das bind ich mir ans Bein.

Die Weltmeisterschaft im Topflappenhäkeln wurde noch nie von einem Mann gewonnen.

Aus lauter Dankbarkeit gestatten sich Adoptivkinder oftmals nicht, die Adoptiveltern zu fragen: Wo komme ich her?

Da Endorphine starke Lustmacher sind, können sie unter Umständen süchtig machen.

Wir hätten den Lärm nicht, wenn wir ihn nicht heimlich wollten.

Medizin wird für politische Dinge missbraucht.

Viele Männer tragen zwar die finanzielle Verantwortung für Familie und Kinder, aber mehr auch nicht.

Wer mobil telefonieren will, muss die Funktürme und damit erhebliche Eingriffe in das Landschaftsbild in Kauf nehmen.

Leonardo DiCaprio findet den Rummel um seine Person «manchmal ärgerlich».

Ohne tatkräftige Mithilfe der Studierenden kann das Kultur-Café in der Karlsruher Universität nicht funktionieren.

Erst 29 Jahre alt, war F. Scott Fitzgerald ausgebrannt, nachdem «The Great Gatsby» so begeistert aufgenommen worden war.

Die Idee, die jemand von sich und seinem Glück hat, der sich Edelsteine auf den Bauch legen lässt, kann ziemlicher Bockmist sein.

Wenn man Gott nicht beweisen kann, so seine Nichtexistenz schon überhaupt nicht.

Je mehr in der «Yachtrevue» über Kroatien berichtet wird, desto voller werden die Buchten und die Marinas – siehe Balearen!

Mit steigenden Temperaturen wächst die Gefahr von Lawinenabgängen.

Durch fehlende Ablenkung ist man in Braunschweig auch gezwungen, Absurditäten wahrzunehmen.

In Paris muss man sich fortwährend die Taschen zuhalten.

Als Verstärkung eingekaufte ausländische Nationalspieler müssen ab und zu ihrem Landesverband zur Verfügung stehen.

Als Weltpokalsieger wird jede Niederlage zu einer Blamage.

In 20 Jahren wird Deutschland 93 % seines benötigten Erdgases importieren.

Immer mehr Angebot kostet auch mehr.

Wenn man erst einmal Geld bekommen hat, weiß man auch verantwortungsvoll damit umzugehen.

Ein gesunder Kunstmarkt lässt proportional auch die Kunstkriminalität steigen.

Während Gebrauchtwagenkäufer fallende Preise bejubeln, verzweifeln jene, die ein gebrauchtes Auto privat verkaufen wollen.

Die Minijobs werden letztlich von der Allgemeinheit bezahlt.

Wofür gab es Abzüge in der B-Note?

Dass die persönliche Seite von Undine Kurth erst einen Monat vor der Wahl fertig geworden ist

Eine miese Kamerafahrt

Wenn ein beeindruckendes Psychodrama plötzlich in unnötiges Gemetzel umschlägt

Dass beim TV-Empfang nur das UHF-Band unterstützt wurde, nicht aber das neuere VHF-Band

Dürftig anmutende Ausstattung und antiquiert wirkende Trickaufnahmen

Banale Story und auf Dauer zu gleichförmiges Spielprinzip

Handlungslücken

Eine nervige Claire Danes und Weichei John Connor

Tinas anfängliches Zögern

Einige Marinesoldaten sind zu aufdringlich.

Bonusmaterial ist keines vorhanden.

Bedienungsanleitung nur in digitaler Form auf der Treiber-CD

Fehlendes Zubehör

Hang zum Schlager

Wenn der Ork im Strategiespiel wieder und wieder den gleichen Kram vor sich hin grunzt

Lange Ladezeiten, ruckelnde Optik und recht unschöne Boliden

Ein schreckliches Cover

Ein bescheuerter Name

Eine grässliche Punkfrisur

Ungestampfte Limetten

Herzlich unoriginelle Songtitel Marke «Next To Satan» oder «Brotherhood Of The Goat»

Deutsche Texte

Unnötige Pannen in der Recherche

Nach dem ersten Urlaub ist ein Marco Polo meist ziemlich aus dem Leim.

Wenn man eingestehen muss, dass man das Arbeiten im Fitnessstudio so genossen hat

Viele Spielautomaten in einem Bistro

Salat in der Gaststätte «Löwen», Stuttgart-Mühlhausen, der aus einer geviertelten Tomate besteht

Kultur

Bekannt aus Funk und Fernsehen

Der Rupertihof in Ainring (nur 10 km von Salzburg entfernt), mit dem singenden Wirt Thomas Berger

Der kleine Hunger

Helmut Krusche, der Orchideenexperte Nummer 1

Top-Model Melanie Anschütz

Dobermänner

Der vom Hessischen Rundfunk unter allen Mitbewerbern als bester Warenprobenservice herausgestellte Probendino

Der fesche Dipl.-Ing. Dr. Hans-Peter Hutter

Fratzi alias Daniela, ein kleines schwanzfressendes Luder mit grünen Augen

Koch und Autor Roy Kieferle

Der original Kultschnuller aus den USA – lustig, witzig, pfiffig, ulkig, spritzig, kultig

Haßloch/Pfalz, wegen des dort gelegenen Holiday-Parks

Star-Astrologin Madame Chloé

Der Sänger, Gitarrist, Texter und Komponist Mario Saal

Das Storchendorf Linum

Lapacho-Tee, aus der inneren Rinde der Pau-Darco-Bäume, mit hohem Anteil wichtiger Mineralstoffe und Spurenelemente

Das Bestattungsinstitut in dem Film «Der Fall Mona»

Die Partyband «OLALA» aus München

Der zweckmäßige Bauchtrainer AB-Shaper

Das im Bereich «verrückte Geschenke» und «ausgefallene Geschenkideen» boomende, echte, registrierte Grundstück auf dem Mond

Soft-Tampons Mini, trocken (Die moderne Tampon-Generation!)

Hans Kriso und seine Egerländer Kapelle – böhmische Blasmusik der Spitzenklasse

Die unter dem Namen «Good Looking» & Co. zu erwartenden Drum-'n'-Bass-Spielarten

Der Bonner Kabarettist und ausgebildete Sänger Norbert Alich

Star-Hypnotiseur Manfred Knoke

Zahlreiche Interpreten, die bei Amor Records unter Vertrag stehen

Der Kachelofenbauer «1A Grundofen»

Die Wehrgruppe Quitzöbel (seit dem Sommerhochwasser 2002)

Der Begriff «Moderation»

Moderatorin und DJane Bettina Stark

Die grüne Ökomag Soft-Magnetkugel, eine umweltfreundliche Alternative zu chemischen Entkalkern in WC-Spülkästen, Wasch- und Spülmaschinen

Karl-Heinz Ohnhaus, Tenor aus Wiesbaden

Das Duo Ohrwurm

Das Linz-Wiener Schmusepop-Quartett Sensual Love

Das Struwwelpeter-Sextett

Die Rödelheimer Neuner, ein renommierter Frankfurter Chor, der bereits 1923 gegründet wurde

Als einer der führenden Spezialisten für Kois, Gartenteiche und Aquaristik: Zoomarkt Meyer Darmstadt

Der Düsseldorfer Parteienforscher Ulrich von Alemann

Der Milchaufschäumer «Cappuccinomaker»

Leo König alias «Captain Vollgas»

Stefan Effenberg trägt ein Tattoo auf dem Arm.

Was geschieht hinter den Kulissen?

Antons böser Bruder Gregor (Terrence Gillespie) zieht die Fäden.

In Cabo Verde wird wie eh und je geplant, getüftelt, recherchiert, geknüpft (Kontakte u.v.m.), um dann eines Tages ganz unerwartet ein neues Bühnenbild präsentieren zu können.

Der Machtkampf im Irak tobt auch nach den Wahlen noch.

Bei der Parodontose-Hilfe e.V. geht etwas von widerlicher Dimension ab.

Doug mischt auf höchster Ebene mit.

Das Gros der Energiekonzerne drängelt massiv.

Beim historischen EU-Erweiterungsgipfel waren alle vorstellbaren und unvorstellbaren Deals möglich.

Gott greift sehr aktiv in die Weltgeschichte ein.

Die Situation ist ziemlich komplex.

Es kriselt bereits, als die «Fab Five» von Take That auf ihrem Höhepunkt sind.

Die Apparate glühen heiß, und alle bereiten sich auf die Zeit nach Joschka vor.

Es wird weiter mit Hochdruck an dem Projekt der ersten automatischen U-Bahn-Linie Deutschlands in Nürnberg gearbeitet.

Michael Steiner galt als einer der einflussreichsten Menschen im Berliner Kanzleramt, auch wenn die wenigsten den Mann gekannt haben mögen.

Das Chaos regiert.

Ein Glaubenskrieg tobt: traditionelle Kohle oder alternative Systeme?

Korruption herrscht, während Batman für tot gehalten wird und die Welt ein scheinbar friedlicher, harmonischer Ort ist.

Da steht nur eine Hand voll Megabigbosse.

Es werden schon Posten verteilt.

Während der Entstehung seines Reports «Marketing plans for medical products available on prescription only» versuchten die betroffenen Pharmafirmen, Hans ter Steeges Ermittlungskompetenzen zu beschneiden.

Der schwarze Block reagiert mit Berufung auf den Haushaltsplan.

In Schauspielerehen spielen sich die üblichen Dramen ab.

Es wird an eigene wirtschaftliche Interessen gedacht.

Dort gibt es immer noch eine spannende oder aufrührende «story behind the story» zu entdecken.

Ute läuft Rollen hinterher, vollbringt Konspirationen, schmiedet Intrigen, erniedrigt sich.

Das gesamte Du-in-der-Disco-Team verteilt sich im Laden auf der Suche nach dem perfekten Gesicht und Body.

Es brodelt.

Es rumort deutlich.

Es wird Druck gemacht.

Es wird noch heftig gerungen.

Es geht um mehr als um ein System.

Eine Phonoline-Mitarbeiterin verrät, dass Gerhard Schröder sich zur symbolischen Eröffnung der Musikbörse «Only if I» von Kate Ryan alias Katrien Verbeeck heruntergeladen hat.

Das ganze Elend zeigt sich.

Was ist keine Kunst?

Pädagogische Lehrer, aufklärende gemeinnützige Organisationen und bewahrende Museen

«**M**enschensöhne» von Arnaldur Indridason nicht zu kennen

Liebliche Vasen, verrückte Hüte, fragile Stühlchen

Objekte in manchen Vorgärten

Eine dreckige Wanne

Ein Lehmbatzen

Scheiße

Schlecht reimen

Eine Geschichte zu schreiben

Das Wort «community» zu übersetzen

Erste Zeichnungen an Höhlenwänden

Zu malen wie eine Vierjährige

Ein Pferd zu zeichnen

Geometrie

Unscharf fotografieren

Wenn nur der Ist-Zustand erfasst wird

Die bloße Umkehrung eines nichts sagenden Bildes

Ein paar Weintrauben technisch fehlerfrei zu fotografieren

Ein Foto der verspiegelten Glasfassade des Palasts der Republik auf Papierrollen zu drucken und das Ganze von einer Stuttgarter Galeristin vertreiben zu lassen

Das Nacheinander von Fotografien im Film, indem sich der Zeitpunkt eines Bildes zur Filmzeit ausdehnt

Sich selbst beim Kopfkratzen und Nasebohren filmen

Zwei Bach-Fugen am Computer einspielen und sie danach gleichzeitig ablaufen lassen

Lärm, den man in einer Viertelstunde nachspielen kann

41 Tage und ziemlich genau 12 Stunden uptime sein. Obwohl das für einen Windows-Server schon recht gut ist.

Draußen sein

Jede Kunst, sobald sie an die Öffentlichkeit kommt, weil sie dann nicht mehr für einen selbst ist

Angelerntes Wissen und Theorie, technische Perfektion

Eine Technik (z. B. Bauernmalerei) allein. Technik + Idee! = Kunst.

Zu wissen, dass zwei Freundinnen bei 'nem abendlichen Telefonat nicht über Rezepte labern

Ein entblößter Körper – ein Nackedei macht noch keine Muse.

Das Brechen von Tabus und Regeln, für sich genommen

Drei, vier, fünf oder sechs Bälle in die Luft werfen

Picasso die Haare zu schneiden

Medizin zu studieren

Zungen zeigen

Originalität

Ein Shirt benutzen

Zehn tolle Spieler einzukaufen

Klettern, laufen, schießen, töten

Steuern und Abgaben hinaufsetzen

Jemandem einen spitzen Gegenstand in den Bauch zu stecken

Eine grüne Bank aufstellen und «Gestiftet vom Verschönerungsverein Hendlfing» dazuschreiben

Wo wird zu viel hineininterpretiert?

In Richard Wagners sehr unterschiedliche Opern

Numerologie

Fotos

In Borussia Dortmunds Aufschwung

Filme. Die Regisseure hatten das meiste davon eh nicht im Sinn.

Das Mosaik-Kollektiv

Die Bibel (bei jeder Übersetzung und Neuschrift)

Keltische Mythologie

Kampfarten

In «Yellow Submarine», den Film

In entgegengebrachte Anteilnahme

In das Briatore/Trulli-Thema

In die Schlümpfe, wenn ein Zusammenhang mit dem Ku-Klux-Klan hergestellt wird

Schreiben des Innenministeriums

Gestik und Mimik

Das Aussehen der bösen Sith Lords in «Star Wars»

Hitler

Das vermehrte, ziemlich heftige Ohrenputzen von Sabines (Wohnungs-)Kaninchen Lucca

In den Blutspendenausschluss von Thailandrückkehrern, unmittelbar nach der Tsunami-Katastrophe durch das DRK

Die Zehn Gebote

Die einfache Denkart der Männer (seitens der Frauen)

Eddy Murphys Besetzung als Pharao

Kleinigkeiten

Harry Potter

Vegetarismus

In viele Sportler, speziell in der Formel 1

In die Person Udai

Träume

In Niki Laudas Rückfall in Spielberg: Der dreimalige Formel-1-Weltmeister stieg in einen Rennwagen von Mercedes.

Zufällige Parallelen

In den Begriff «ausgefallene Musik»

Wenn der Freund einer anderen hinterherguckt. Die wenigsten denken dann gleich: Oh, die ist viel hübscher als meine Freundin, oder: Oh, mit der will ich gern ins Bett!, sondern bewundern halt mal kurz die nette Aussicht. Es ist eine kleine Macke.

In die Oscar-Verleihung

Was ist ein Buch mit sieben Siegeln?

Das öffentliche Auftragswesen – zu kompliziert, zu aufwändig für mittelständische und handwerkliche Unternehmen

Die Riester-Rente

Reitplatzbau

Agrarpolitik

Hochschulpolitik

Zugewinngemeinschaft

Lebensmittelkennzeichnung

Studienplatzvergabe über die ZVS

Für viele Mieter: die Heizkostenabrechnung

Das Wahlsystem der Bundesrepublik Deutschland

Elektrotechnik

Die Prüfung der Fachkaufleute für Marketing

Windows

Die Börse. Einerseits bietet sie hohe Renditechancen, andrerseits kann man als Laie auch einiges verlieren.

Die Wahl der Zinsbindung

Mathe

Die türkische Sprache

Die Entwicklung eines eigenen Lernstils

Bildungscontrolling

Der Nobelpreis. Wenige sind eingeweiht in die Grundsätze und Bewertungen, die hinter den Entscheidungen stehen.

Die Bibel. Der Geist allein kann sie entriegeln. Erst wenn du IHN ergriffen hast, wird auch DAS WORT von dir erfasst.

Der Gemeindebrief-Versand

Für Wolfgang Joop: eine Nähmaschine. Trotzdem erhielt er den Mode-Oscar «Fil d'or».

Anatomie

Hartz IV

Das erste Date. 1000 verschiedene Faktoren entscheiden darüber, ob es funkt – oder eben nicht.

Männliche Sexualität

Gerade die weibliche Libido

Das Thema Wettervorhersage. Solange es den Menschen gibt, versucht er, das Wetter in der Zukunft zu bestimmen.

Inge de Bruijns Erfolgsstory

Die frühe Geschichte des Kartäuserklosters auf dem Beatusberg

Das Leben

Was ist Goethes «Faust»?

Das große Lebenswerk des Dichters, das erst wenige Wochen vor seinem Tode 1832 fertig wurde

Wohl vom Inhalt her jedem zumindest ungefähr geläufig (Gelehrter weiß viel, will noch mehr wissen …)

Einer der fesselndsten Stoffe der deutschen Literatur. Schlägt seit Jahrhunderten die Menschen in seinen Bann.

Goethes verkappte Komödie

Als Stoff im Schulfach Deutsch nicht ungewöhnlich

Total überbewertet

Eine der tiefgehendsten Vorlagen für einen Schauspieler, um Menschliches einsehbar zu machen

Von den Bühnen dieser Welt nicht mehr wegzudenken

Immer noch das meistgespielte Theaterstück in Deutschland

Was die Charakterologen Extraversion nennen

Von einer kaum fassbaren Aktualität

Deutsche Dichtung par exellence, wobei man sich klar machen muss, das die wenigsten den zweiten Teil überhaupt kennen

Unbestritten eines der bedeutendsten Dramen der deutschen Literatur

Eine Repräsentativfigur der Menschheit im Kräftespiel der heraufkommenden Moderne

Fast 200 Jahre alt und zeigt sich doch immer wieder neu

In dem Sinn kein historisches Stück; es spielt an verschiedenen «Bewusstseins-Orten».

Ein Werk der Weltliteratur, das man gelesen haben muss

Am Ende ‹entschuldigt› und ‹erlöst›

Genau genommen ein impotenter Kleinkrimineller

Ein Drama

Jetzt am Theater Lübeck zu sehen

Therapeut

Einfacher wiederzugeben als Stuckrad-Barres «Soloalbum», da es der Autor nicht fertig bringt, einen Handlungsstrang durch das Buch zu ziehen

Wohl eins der beliebtesten Folterinstrumente im Deutschunterricht

Mit wenigen Worten erzählt

In Deutschland ungefähr so berühmt wie in Irland das Buch «The Midnight Court», eine poetisch verschleierte Sozialkritik

Unfähig, sie zu retten

Ein sich sozialevolutionär fortpflanzendes und vielleicht eines Tages aussterbendes Memmending

Er wird wie im türkischen Sprichwort vom Teufel zur Eile gemahnt.

Eine Erlebniswelt, in der man auf immer neue Weise sich selbst entdecken kann

Das Thema, das Ana Matt in ihren Bildern umsetzt

Für Steiner und May ein Werk, das sie ihr Leben lang beschäftigte

Langweiligstes Buch ever

Das absolute Meisterwerk

Etwas, was auch Leute verstehen, die nicht an Engel glauben

Zu kompliziert

A) ein Roman, b) eine Novelle, c) ein Drama, d) ein lyrisches Gedicht

Wer oder was wie im Buche stehend ist?

Ein Berliner: Harald Juhnke. Wo er hinlächelte, grünte der Grunewald. Er machte die Hasen nicht nur an Ostern vergnügt.

Ein Neapolitaner: Oreste Pipolo. Er ist ebenso laut und hektisch wie die Stadt, in der er vor fünfzig Jahren geboren wurde.

Ein Kerl: Johnny Cash

Ein Wimp: wer Fan von hochgetunten Stimmchen und Gitarrengesäusel ist

Ein Playboy: reich, charmant und völlig gewissenlos. Ziel seiner Bemühungen sind vorzugsweise allein erziehende Mütter.

'n Hopper (d. h. Baggys, weite Shirts und Pullover usw.): Maik aus Rostock

Nur ein Film-Filou: Willi Forst als Peter Voß, schlank und rank und federnd

Ein Hobbit: Bilbo Beutlin. Klein, mit krausem Haar und einer Höhle, in der er lebt. Aber vor allem ist er geruhsam – wie es sich für einen anständigen Mann gehört.

Bonvivant: Uwe Becker, Chefredakteur aus Wuppertal

Ein Zahlenmensch: Gustav Aßmann, im April 1903 in Berlin gegen eine Stimme zum besoldeten Hauptkassierer beim Verband der in Gemeinde- und Staatsbetrieben beschäftigten Arbeiter und Unterangestellten gewählt

Ein Kriegsgewinnler: der Industrielle und Lebemann Oskar Schindler

Römer: Morricone, zumal im Ambiente seines Privatissimums

Ein Praktiker: Der Bremerhavener Fritz Schleufe, eine Institution der Seebeck-Werft, bestach durch unkonventionelle Ideen.

Ein Allroundman: der Amerikaner Gaines Hall als Molina in «Kuss der Spinnenfrau». Er singt, tanzt, spricht und schauspielert auf hohem Niveau.

Eine Spaß-Punk-Party: Green-Day-Sänger Billie Joe beginnt sofort im ersten Song mit spaßigen Nachsingspielchen («Say Eeijooo»), ein Hit folgt dem nächsten, es setzt Pyro-Effekte.

Ein Vorabverriss: Herrn L.s. Vorankündigung der «Mordart à la Carte»-Premiere in einer beliebten Monatszeitschrift. Dort entlud sich L.s journalistischer Unmut über Improtheater im Allgemeinen, über mangelnde Authentizität und Bühnenschweiß.

Eine Clownsnummer: den stibitzten Pudding einer Zuschauerin in die aufbewahrenden Hände drücken

Ein Tom-Tykwer-Film: «Heaven»; trotz des internationalen Kuddelmuddels

Ein Audio/Midi-Sequenzer: der Magix 7.12 Samplitude. Unterstützt werden Auflösungen bis 192 kHz. Aufgenommen wird bei Bedarf im 32bit Floating-Point-Verfahren.

Ein Flüsterer: der wartungsarme und leistungsstarke Hatz-Kleinstdiesel-Motor, dessen Geräuschabstrahlung durch die Kapselung auf ein Minimum reduziert ist

Ein 3D-Shooter: XIII (sprich: Thirteen). Hier wird scharf geschossen, mit Messern geworfen und mit Stühlen geprügelt.

American Diner: Shorty's BBQ, ein Traditionshaus in Miami, seit 1951. Hier sitzt man an langen Tafeln, das Ambiente ist sehr familiär und herzlich, man merkt, dass manche der Bedienungen bereits seit 30 Jahren im selben Restaurant arbeiten.

Multichannel-Vertrieb: Hugendubels e-trend-Beratung

Ein Eyecatcher: der neue A6 Avant

Eine Studentenstadt: Cork/Irland. Jung, lebendig, mitreißend

Eine Buche: die Rotbuche im Niendorfer Gehege. Dreißig Meter hoch, 250 bis 300 Jahre alt, Stammumfang 5,30 Meter, Durchmesser 1,70 Meter – die älteste, größte und schönste Rotbuche Niendorfs

Was ist ein gutes Wort wofür?

Für Einsingübungen: Landratsamt

Für uns: «In Frieden leg ich mich nieder und schlafe ein; denn du allein, Herr, lässt mich sorglos sein.» Ein Abendgebet, das wir täglich laut sprechen sollten

Für den Lebensentwurf von Wau Holland: querulare, im Lateinischen als «sich beschweren», aber auch als «nachhaken» ausgewiesen

Für Ödem: Schwitzwasser

Für uns: Gehorsam

Für den Start in einer neuen Kirchenleitung: Nicht sinnlos hin und her laufen, sondern das Ziel fest im Auge behalten!

Für die Beschreibung jenes fortgeschrittenen Verfalls der guten Sitten im Bereich des öffentlichen Nahverkehrs: Abgrund

Für 23 cm: brummt

Für das, was Fasten meint: Entschlackung

Für die Haltung, die du einnehmen musst, um Erfolg zu haben: locker

Für Lügner und Tratschtanten: angeblich

Für das Schweinske am Grindel: gemütlich. Alle paar Jahre wird es wieder ein bisschen renoviert, bleibt aber modern-rustikal.

Für den Vorgang, durch den wir rein logische Analogien gewinnen: Projektion

Für Liebe: Hingabe. Ein ganz schlechtes ist Begehren.

Für Romantik: sinnlich

Für die von eats away: robust

Für die Jungen: «Eßt mehr Obst, das heißt, hört mehr Mozart, dann seid ihr gesund!»; dies riet Erich Kleiber in seiner letzten Ansprache den Musikern des Kölner Orchesters.

Für die IG Metall: zusammenstreiten

Für den Pflanzenwuchs auf Birgit und Felix Langs kleinem Balkon ihrer Altbauwohnung auf St. Pauli: wild

Für das Leben von ChristInnen: klug. Sie warten auf den Herrn – und leben in der Welt.

Für eine Haut, die echt jeden Scheißausschlag bekommt: Sensibel-Pelzchen

Für eine böse Sache: ein Euphemismus

Wer kann wovon ein Liedchen singen?

Kompetente Kegelrunden: Das Anschneiden der Kugel ist eine Technik, welche man sich unter Entbehrungen aller Art zuerst mal erarbeiten muss.

Das Radio Hochstift-Fasten-Team: Fasten bis Ostern kann hart sein.

Essgestörte: Am wichtigsten ist doch die GESUNDE Ausgewogenheit.

Wer je einen Gästetisch zu decken oder eine Gästeschar zu bewirten hatte: Tabletts sind praktisch.

Klaus Toppmöller: Niederlagen zum Saisonstart werden zur Zerreißprobe für jeden Trainer.

Der Kreuzberger Reggaesänger P. R. Kantate: Nicht immer sind aller guten Dinge drei.

Uwe Lost, Bassist der Country-Legende Truck Stop: Die Jungs sind in diesem Jahr außerordentlich fleißig.

EHC Black Wings Linz: Die Eishockey-Vereine zahlen Höchstgehälter, die sie sich auf Dauer nicht leisten können.

Wer für die PowerPoint-Präsentationen eines Unternehmens verantwortlich ist: Jede Abteilung hat ihre eigenen Präsentationen, ihren eigenen Verantwortlichen, ihre eigenen Ordner für die Dateien.

So mancher Motorradfahrer: Im PKW sitzend, bohrt Thilo S. in der Nase und schmeißt es dann zum Fenster raus.

Die Firma Team-Konzept in Berlin: T-Online jagt hinter jedem die Rechtsabteilung her, der sich vorne mit «T» schreibt.

Frankreich: Die Abwehr der israelischen Fußballnationalmannschaft agiert diszipliniert und steht kompakt.

Holger Schäfer, der die Theatermusik zur Coburger Inszenierung von «Anarchie in Bayern» geschrieben hat und selbst Revoluzzer spielt: Die hierarchische Struktur des Theaters

Claudia Oberbeil von softrock.de: Urheberrechtsverletzungen

Thomas Sterz aus Allerheiligen: Wenn man als leidenschaftlicher Gesellschaftsspieler keinen Überblick mehr über die eigene Sammlung hat, sollte man sich eigentlich schon Gedanken zum Thema einseitige Freizeitgestaltung machen.

Harri Rovanperä im Mitsubishi: von derart weichen Pneus, dass sie sich auflösen

Der DFB: In München bekommt man mehr Mikrophone als in Mönchengladbach vor den Sabbel gehalten, um Effenberg-typische Halbwahrheiten abzusondern.

Jeder, der mal versucht hat, sein Eigenheim wieder zu verkaufen, ohne Verlust zu machen: Mit einem Haus hat man etwas fürs Leben.

Kim Deal, die ehemalige Bassistin der Pixies: Not macht erfinderisch.

So mancher Jogger oder Radfahrer: Schnelle Bewegungen reizen einen Hund zum Nachjagen, wobei es leicht zum Einsatz der Hundezähne kommen kann.

Jackass – The Movie: physische Komik, die beim Zuschauen schon wehtun soll

Lea Lobsiger (19): Als Kosmetikerin verdient man wenig Kohle.

Wer schon mal CDs oder DVDs verliehen hat: Staub, Kratzer, sogar Fingerabdrücke bringen den Player ins Straucheln.

Bill Gates: Bekanntheit hat nichts mit Qualität zu tun.

Antje Bornhak, die beste deutsche Bike-O- (und Ski-O)-Athletin: An der WM mussten die Deutschen in BDR-Trikots starten und dessen Sponsoren spazieren fahren. Für persönliche Sponsoren war nur gerade ein Platz vorhanden, finanziell gab es dafür aber keine Entschädigung.

Jeder, der solch ein Teufelswerk sein Eigen nennt: die Tücken eines Computers

Sakura Kinomoto, weil sie als Card Captor Sakura über die Clow Cards wachen muss: Ein junges Mädchen zu sein, noch dazu eine Heldin, ist echt harte Arbeit.

Schmidi123: Steuerfachliteratur ist teuer.

Was ist das Ende vom Lied?

Der Kontakt zwischen Vater und Kind wird abgebrochen.

Wie der Anfang vom Lied: Der Fischer Timpetee und seine Frau die Ilsebill sitzen wieder im Nachttopf, bis auf den heutigen Tag!

Man trifft Kollegen vielleicht in einem Mobbing-Forum wieder und merkt möglicherweise erst dann, dass man ja einen Verbündeten hat.

Dass Sabine und ihre Freundin total gehemmt waren, keinen Spaß hatten und – was das Schlimmste ist – Sabines Gefühle für sie noch intensiver geworden sind und nach wie vor nicht von ihr erwidert werden

Die totale Isolation. Wer Depressionen kennt und so etwas miterlebt hat, ist vom Selbstmord nicht weit weg.

Zitate von Zitierenden zu zitieren

Mitten in der Reproduktionsphase der Amphibien, mitten in der Brutperiode unserer Zugvögel hat der NABU Uelzen eines der obigen Gewässergrundstücke gemäht. Die dilettantische Fummelei nimmt kein Ende.

Violet, Sunny und Klaus landen an einem der verborgensten, aber auch schauerlichsten Orte der Welt: in Jammerau, in der Sägemühle Glück und Partner. Dort sollen sie schuften wie die Sklaven; dafür will der Besitzer der Mühle sie endgültig vor Graf Olaf schützen. Doch in Jammerau gibt es nicht nur einen bösen Vorarbeiter, *schrecklich* scharfe Sägen und Frau Dr. Orwell, die sich auf Hypnosebehandlungen spezialisiert hat – es arbeitet da auch (in der Praxis der Frau Doktor) die Sprechstundenhilfe Shirley, die auf die Kinder einen verdächtig männlichen Eindruck macht.

Ein Schuldenberg und die Insolvenz

Man hat nach einer Diät schnell alle Kilos wieder drauf.

BH rot, kein Alibi!

Der Laserdrucker steht in der Abstellkammer, nachdem er nur 2(!) Jahre in Betrieb war, weil er einfach zu teuer im Unterhalt ist.

Unsere Politiker überlegen, wie sie noch mehr von den Minderheiten – sprich den Steuerzahlern (beinhaltet nur alle Angestellten, Arbeiter, Normalverdiener, keine Beamten, Politiker, Sozialhilfeempfänger, Asylanten und gut Situierte) einfordern können.

Man muss die Leute selbst abwimmeln.

Die Wale bekommen die Robben, weil sie trickreich zusammenarbeiten.

Die an Pforzheims einzigem Faschingsumzug teilnehmenden Vereine verzichten teilweise oder ganz auf ihre Gage.

Wenn ein neuer Irak gegründet wird, kann man ihm die Waffen verkaufen, die man im Krieg vorgeführt hat, da der neue Staat ja durch selbige Vorführung keine mehr hat!

Die langen Dateinamen wurden nicht mehr angezeigt.

Du hast deinen Gesichtserker verschoben, ein paar Prellungen oder je nachdem auch ein wenig mehr.

Berlin ist am schlechtesten, was die MOE-Kompetenz angeht.

Nach mehreren Stunden PC-Arbeit hat sich die Hals- und nicht selten die gesamte Schulter- oder auch Rückenmuskulatur verspannt.

Geld ist weg, aber melden tut sich niemand.

In 10 Jahren wird es kein Bio-Gemüse mehr geben.

Dass da in dem Altenheim was nicht stimmte

Ein Haufen Elektronikschrott. Die Schuld daran trägt dann natürlich der Hardware-Hersteller.

Lidl und Aldi verkaufen weiterhin ihre Lebensmittel.

Dass einer als Schwengel in der Feldglocke gebraucht wird …

Ein total überraschter Proband, wenn man die Hypnose aufhebt

Dass ich abends einen feinen Sonnenbrand habe

Die zunehmende Konzentration des kapitalistischen Reichtums auf einige wenige Regionen der Welt

Alsbald wurde der Mensch gesund und nahm seine Bahre und ging hin.

irtschaft

Was kurbelt die Wirtschaft an?

Senkung der Lohnnebenkosten durch private Vorsorge

Ein vernünftiges Gefälle zwischen Arm und Reich

Nachfrage nach pharmazeutischen Produkten

Im eigenen Land Urlaub machen

Mehr netto im Portemonnaie

Gute Stimmung

Autobahnbau

Krieg

Wiederaufbau einer zerstörten Gegend

CNN raus, TV-Shop rein

Touristik

Neue Gehäuse, neue Netzteile und wesentlich aufwändigere Kühlsysteme

Sein Gerät selber flashen und es zerstören

Neu kaufen statt reparieren

Niedrigere Zinsen

Steuersenkung für kleine und mittlere Einkommen

Ein einfaches, transparentes Steuersystem

Der Verkauf von Solaranlagen

Windkraft

Besucherstrom

Verkehr

Mehr Kondome verbrauchen

Geld unter die Leute bringen (Tankstelle, Kuchentheke usw.)

Eine Digicam kaufen

Von einem Tag auf den anderen kein analoger SAT-Empfang mehr

Werbung

Graffiti

Verbrechensangst (Wegfahrsperre, Alarmanlagen, Versicherungen)

Valentinstag

Kommunalwahlkampf

Alk

Traurig sein

Die beträchtlichen Kosten für Telefoneinheiten, Geräte und Zugangsgebühren

Schenken

Asien

Die IQ-Jänner-Rallye im österr. Bezirk Freistadt

Winnetou

Der Krankenhausgesetzgeber

Hanf

Dummheit

Kreative BWL-Studenten

Menschen mit einem schweren Hüftleiden und erheblicher Gehbehinderung, die sich einen Merzedes-12-Zylinder mit allem Komfort kaufen

Was ist so wie sechs Richtige im Lotto?

Der Fund der Grabanlage auf dem Hohberg

Heutzutage Pflegestufe 3 bekommen

Eine Website wird über Nacht berühmt.

Als Kandidat im Fernsehstudio sitzen

Heute 'ne Arbeit bekommen

Selbstwertempfindungssteigerung durch Einrichten einer kompletten Holzwerkstatt

Telearbeit (für das Familienleben)

Einen Plattenvertrag bekommen

Hohes Einkommen ohne Schulabschluss

Ein Ausbildungsplatz bei Bayer

Ein freies Wochenende für in der Gastronomie Tätige

Wetter richtig voraussagen

Der Typ ist in Ordnung, ihr passt auch sonst gut zusammen, und er ist ein Gefährte.

Ein netter Mann, der aufräumt

Mit Ika leben

Martin G. Gülpen für Elli. Glaubt sie jedenfalls – bis Astrid, genannt Stumpi, aufkreuzt, die sich als Verlobte ihres usw. usf.

Eine Frau für einen Dreier zu finden

Lissner für die Scala

Das BMW-Werk im Kreis Recklinghausen

Ein Lokal in der Hamburger Langen Reihe und Umgebung

Ein Erlös von 98,8 Milliarden Mark aus der Versteigerung der UMTS-Funklizenzen

Drei teure VW für lau und eine Traumsumme auf dem Konto

Wenn man nach 12 Jahren Heimunterbringung in die eigene Wohnung zieht und sieht: Ich schaff das.

Eine erfolgreich beobachtete Kleinplanetenbedeckung

Eine Knochenmarkspende

Bei einem Airbus A330 der Kuoni-Tochter Edelweiß Air löst sich ein Triebwerkblatt von der Scheibe, und die mit Triebwerkblatt und Kompressor verbundene Welle bricht.

Vakante Professuren

Eine richtig ins Deutsche übersetzte Speisekarte in Polen finden

Kate Moss entdecken

Ein Beauftragter für Talentsichtung und -förderung für den DFB-Stützpunkt im Kreis Celle, als Bindeglied zwischen Kreisauswahl und Stützpunkt

Hierzulande noch eine völlig unbekannte Burganlage finden

Ein schlechter Inder in London

Einen Arzt finden, der dich in Ernährungsfragen kompetent beraten kann

103 Manuale haben

Stromversorgung ohne Störungen

Morgens im Hötzumer Schulbus einen Sitzplatz ergattern

Was sind Fässer ohne Boden?

Jemandem einen Gefallen zu tun. Ein Kreisverkehr, aus dem du nie mehr rauskommst

Forschung über Wirkungen der Massenmedien

Die Psyche. Neulich hat ein Mensch wegen schlechter Träume und mangelnder Erholung am Morgen eine Rente beantragt.

Der Stoff der Heilpraktikerprüfung bzw. der Medizin im Allgemeinen

Die Administration eines Linux-Systems: Es gibt immer was zu tun.

Musikequipment. Man sollte versuchen, immer auf dem Laufenden zu bleiben und sein Equipment upzudaten. Nur so hält man den immer besser werdenden Produktionen stand.

Videoschnitt. Allein schon das Thema Folienübergänge, Ton- und Filmintegration

Tauchausrüstung. Man fängt mit 'ner 10er Flasche und Nassanzug an, dann kauft man einen Trockentauchanzug, irgendwann will man auch unter Wasser fotografieren usw.

Ein Friesenpferd. Da braucht man auch noch eine Kutsche.

Kapazitätsplanung ohne Tools

Eine Airline, die aus eigener Kraft nicht überlebensfähig ist

Der Transrapid, da die geschätzten Kosten immer weiter nach oben korrigiert werden mussten

Der illegale Rauschgiftmarkt

Bushs Kriegskasse

Privatunis. Jeder weitere Cent dafür ist ein Skandal, solange Berlin kurz vor Ausrufung des Haushaltsnotstands steht.

Gartenarbeit

Die Grüncontainerstation neben dem Bonner Südfriedhof. Abgeladen wird nicht nur Grünschnitt, sondern auch Bauschutt und Sperrmüll.

Der Balkhauser Kotten: borkenkäferbefallene Wände und ein marodes Abflussrohr

Die sog. Dritte Welt, wenn sich nicht endlich etwas ändert

Luxemburgs Freikauf aus den Kioto-Verpflichtungen

Der öffentliche Personennahverkehr in Chemnitz

Die Schulsanierung in Dortmund

Der geplante Großflughafen in Berlin-Schönefeld. 750 Mio € ausgegeben, ohne dass dort nur ein Stein bewegt worden ist

Die EU. Jedenfalls für Deutschland

Der Osten

Ein subventionierter Betrieb

Der Vorschlag der Grünen zum Niedriglohn: die uferlose Subventionierung von Niedriglohnbereichen

Das Thema Hundesteuer

Das mit der Tabaksteuer

Der Steuerstaat

Jedes Umverteilungssystem. Früher oder später steht man vor der Alternative rationieren oder verlumpen.

Was gibt es heutzutage an jeder Ecke?

Kaufimpulse, obwohl kaum jemand noch Platz in seiner Wohnung hat

Webdesign zu Dumpingpreisen

Den besten Cappuccino der Welt zu einem unschlagbaren Preis

Billige Einwahlmöglichkeiten

Für lau nachgeworfene Tintenstrahldrucker

Zu horrenden Preisen feilgebotene Penisvergrößerungen

Blumige Serviceversprechen

Kredite

Die Möglichkeit, Weine aus allen Erdteilen zu kaufen

Solaranlagen

Quarzuhren mit einer Abweichung von ca. 10 s/a

Halsbänder in allen Variationen

Weihnachtsbäume, einer schöner als der andere

Rice and beans statt dairies

Abmahnwütige Anwälte

Alkohol

Tönungsfolien für Autoscheiben

Zeitbomben

Eine Liste mit wichtigen Security-Patches

Märchen zu erleben

Menschen, die der Meinung sind, Familienaufstellungen machen zu können

Schwulenläden, wo man von außen reingucken kann

Kontaktmöglichkeiten für Gays im Netz

Ätherische Öle, die diesen Namen nicht verdient haben

Gesunde Nahrungsmittel

Ungesunde Nahrung

Faschismus

Das Thema Sex

Irgendwelche Idioten, die einen über den Tisch ziehen wollen

Irgendeinen Teichfolien-Lappen

PopPunk-Bands

Luhmann

Ausleihbare Wechselbrückenfahrzeuge

Was ist schon die halbe Miete?

Ein gutes Arbeitsklima, das auf Sympathie beruht

Ein Infopapier (4 Seiten) mit dem Wichtigsten, was bei Büro-E-Mails zu beachten ist, unter den Kolleginnen und Kollegen verteilen

Sich mit seinem Tätowierer gut verstehen, denn Tätowieren ist Vertrauenssache.

Bei Arthrose: an Gewicht und Muskeln arbeiten

Sich unmittelbar nach Piercing der Zungen genau an die Ess-Anweisungen halten. Schön mit Kamillentee spülen und kühlen

Einen guten Schiri haben

Zu wissen, wie der Gegner heißt, gegen den man kämpfen muss

Sehr gute Ausrüstung

Ein stilvoll gedeckter Tisch

Bloß noch die Hälfte der üblichen Portion essen und die Butter weglassen

Wenn man kein schlechtes Gewissen beim Essen hat und sich wegen der Waage nicht verrückt macht

Das passende Kostüm

Ein gutes Chinchkabel

Eine gut durchdachte Vorbereitung

Als Fahrschüler, wenn der Prüfer einsteigt, mit der Einstellung «Na, Alter, wohin soll ich dich kutschieren?» losfahren

Ein originelles Konzept

Nur zu wissen, um was es geht

Was bei der Abschlussprüfung für technische Zeichner die Pneumatik angeht: das Tabellenbuch ein wenig kennen

Wenn am Ende einer Rede unmissverständlich klar ist, auf was es dem künftigen Bundespräsidenten ankommt und wieso

In Berlin: einfach nur kommunikativer sein

Eine starke Hausmacht im mitgliederstärksten Bezirk

Auf eine treue Fangemeinde setzen zu können, die einen von Live-Auftritten kennt

Erfolg bei der Suche nach einem guten Psychologen

Traumwagen, leicht bekleidete Menschen, Sommer, Sonne, Strand und Meer

Alte Geschichten gut verdrehen

Viel Humor haben

Die Weihnachtsgeschenke sind bereits vor Ort, die Transportprobleme somit gemindert.

Die Wahl der Aufstellung

Zur Aneignung des gut durchschaubaren, schnell zu erlernenden Black-Jack-Regelwerks «17 + 4» zu kennen

Bei Reggae: bass & drum, gut groovend

Ein entspannender, schöner Ort zum Trippen

Eine gute Platzierung in den größten Suchmaschinen

Was ist inflationär geworden?

Unser Reden. Der Umgang mit dem gesprochenen Wort ist oft fahrlässig.

Die Wendung, etwas sei «nicht nachvollziehbar»

Der Gebrauch des Begriffes «knuddel»

Der Appell an die «soziale Gerechtigkeit»

Der Appell «Seid doch lieb zueinander!»

Die Violine, u. a. bei Dark-Metal-Bands

Der Begriff des Designs. Friseure nennen sich heute Hairdesigner.

Vergleiche mit David Lynch seit «Mulholland Drive»

Der Versand von E-Mail-Newsletters

Der Begriff Medienkompetenz

Werbung über den Preis

Der Archivbegriff – für alle Formen des Gedächtnisses und der Sammlung

Der Gebrauch des Stickers «feat. Bela B.»

Ein Misstrauensantrag, immerhin das schärfste parlamentarische Instrument

Der Umgang mit dem Begriff «Wellness»

Der Künstlerbegriff. Jeder Pups, der einen Pinsel halten kann, sieht sich als Künstler.

Die Verwendung des Begriffs «Kompetenzzentrum»

Der Ausdruck «Mythos»

Seit den 1960er Jahren (nicht nur) bei Kirchenhistorikern die Entdeckung katholischer Aufklärung

Wieder ein Film, und nächste Woche kommt noch ein wichtigerer, und dann gibt's 'ne große Premiere, und dann kommt der Star. 'ne unglaubliche Beschleunigung quasi, die ja dann auch das Produkt Film entwertet.

Das Erhabene

Nacktheit

Miss-Wahlen

Female fronted bands mit verwuschelten Frisuren und erträglichen deutschen Texten

Standing Ovations

«Lounge»- und «chill out»-Sachen

Der Beitritt zur EU

Das Töten von Superhelden der X-Welt

Künstliches Sichnecken

Bilder des Grauens

Die so genannte heile Welt im Fernsehen

Der ARD-«Tatort»

Bilder und Töne

OP-Saal-Berichte

Fußball im Fernsehen

Das Gedenken in Deutschland

Das Geld. Was sind schon heutzutage 1000 Euro? Sozusagen 1500 DM.

Was geht auf wessen Konto?

Der größte Teil der durch Behinderungen verlorenen Jahre in Gesundheit → depressive Störungen

Rund ein Viertel der Todesfälle beim Luchs → Wilderer

Jeder achte Verkehrstote in Deutschland → Alkohol am Steuer

Mehr als ein Drittel aller Todesfälle in unserem Land → Herz-Kreislauf-Erkrankungen

25 % der elektromagnetischen Felder von Sendeanlagen → Mobilfunkanlagen

Ein Prozent des britischen Buchmarktes → Terry Pratchett

Ein Viertel des gesamten Stromverbrauchs → Haushaltsgeräte, Unterhaltungs- und Büroelektronik

Am Genozid gegen Azteken → Cortez.

Fast jeder zweite Unfall → gravierende Reifenmängel

Mölln, Solingen, Hoyerswerda → Nationalisten

Nicht nur die Verbreitung des Computers, sondern auch die grundlegenden Entwicklungen → Bastler und Computerbegeisterte

Die explosionsartige Zunahme der Ölpreise → Spekulanten, Ölmultis und Produzentenkartelle

Ein hoher Prozentsatz der während einer Reise nach Ägypten auftretenden Durchfälle → Erreger namens Streptokokken

Die Hälfte aller Fälle von bakterieller Mittelohrentzündung → Streptokokken

Rund ein Drittel aller Ausfalltage von Managern → Skelett- und Muskelkrankheiten

Das lange Hickhack um das Dosenpfand → CDU, CSU und FDP

Mancher Stellenabbau → Vorstände, die Management-Moden nachgelaufen sind

Ein Drittel der Todesfälle bei Kindern in Europa → Umweltverschmutzung und Umweltunsicherheit

Mindestens jede vierte Frühgeburt → Mehrlingsschwangerschaften durch Hormonbehandlungen und In-vitro-Fertilisationen

Nur ein gutes Viertel aller Vollerwerbsgründungen → Gründerinnen

Der vom Caritas-Mahlzeitendienst in Bamberg 2004 verbuchte Zuwachs von 8460 Mahlzeiten (gegenüber 2003) → Essen auf Rädern

Der zweite Sieg in Kienzheim für den SC Baden-Baden → SC Nachwuchsgeher Moritz Fischer (M12)

Rund ein Drittel der privaten Stromrechnung → Kühlschrank, Waschmaschine und Co.

Lediglich jede fünfte Vergewaltigung → Unbekannte

Was ist heutzutage Gold wert?

Ein richtiger Türsteher, der von Anfang an die Richtigen reinlässt

Nie Probleme mit seinen Mietern zu haben

Ein gutes Zeugnis

Die Finanzen der Geschäftspartner durchleuchten zu können

Goldene Piloten

Ein technikbegeistertes Bandmitglied im Background, für Sound-Mischen, Recorden etc.

Die Arbeitskraft von versierten IT-Profis

'**n**e Stelle zu bekommen

Ein sicherer Job bei einer Bundesbehörde

Ein Job. Die wahre Liebe aber noch viel mehr

Eine Zusage auf unbefristete Übernahme bei Bestehen der Abschlussprüfung mit Abschlussnote «befriedigend»

Handwerker aller Art, besonders KFZ-Mechaniker

Ein Programm, das mangelhafte Rechtschreibung gegen dudenreife Orthographie austauscht (urspr.: «Ortografie»)

Ein Logo, das auf Anhieb wiedererkannt wird

Erfahrung

Die richtige Anrede

Etwas tun. Wie Franziska van Almsick mit ihrem Nachhilfeunterricht im freien Stil für Nichtschwimmer

Eine gute Platzierung in den Datenbanken

Dass sich die Kunden via Internet unmittelbar beim Lieferanten über das große Angebot im weitläufigen Feld des Fliegenbindens und des zugehörigen Materials informieren können

Seine Umwelt und sich selbst kritisch zu betrachten und eigene Überlegungen anzustellen

Gemeinsames Reden

Beherzt und ohne zu zögern helfen

Eine starke Partnerschaft

Ein Number One Pick

Eine standhafte Meinung, zu der man steht

Ein vorgezogener, in der Höhe leicht abgesenkter Herd

Unparteiische Meinungen

Die Eier zu haben, sich frühzeitig für etwas zu entscheiden und es aufs Band (Festplatte) zu holzen

Eine eigene Musiksammlung

Ein Loch, in dem man Müll loswerden kann

Wofür kann man sich auch nichts kaufen?

Ewiges Was-wäre-wenn

Zum Ritter geschlagen werden

Einen Meter Sprungkraft

Fair-Play-Sieger sein

Schön spielen

Die meisten Fans haben

Platz 2 oder 3

66 Prozent Ballbesitz

Einen Pfostenschuss

Noch ungeschlagen in der Rückrunde sein

Heimseitenaufrufe

Hohen IQ

Nette Sprüche

Über einen anderen sagen, dass er eine Schlampe ist

Ehre

10 Credits

'ne Menge anerkennende Worte

Liebe

Gewalt

Das simple «Tut uns Leid»

Dankbarkeit

Gerade mal 3 Minuten lange Making-ofs

Auf Platz 1 der Klingelton-Charts sein

Vibraphon lernen

Sich als Musiker geschmeichelt fühlen

Sooo independent und cool sein

Die Medaille ‹Epischer Kämpfer›

Opfer sein

'nen Appel und 'n Ei, mit denen man abgespeist wird vom Boss, der sich die Taschen voll stopft

Was die Banken im Tresor haben

Nichts haben

Gesundheit

Was hat noch niemandem geschadet?

Komplexes und vernetztes Denken, wie man es an den Hochschulen lernt

Ein bisschen Schiller

Ausprobieren und selbst lösen

Ein bisschen im Grundgesetz blättern

Ein wenig akademische Bastelei

Das Abi doch machen

Ein bisschen Latein

Nachdenken

Daran glauben, dass Licht in Wirklichkeit eine elektromagnetische Wellenerscheinung ist

Gute Literatur

Ein Wörterbuch

Diplomatie

Ein wenig Wahnsinn

Pragmatismus

Ein bisschen zickig sein

Das eigene Denken und Handeln hinterfragen

Ein bisschen Rock 'n' Roll

Transparenz

Nochmal eine Nacht darüber schlafen

Eine gewisse Grundparanoia

Eine gesunde Portion Patriotismus

Für kurze Zeit eine andere Persönlichkeit ausprobieren

Ein Face-Lifting

Fisch, in kleinen Dosen zu sich genommen

Ein kleiner Flirt

Eine zweite Meinung

Stimulanz im Genitalbereich

Defensiv fahren

Eine Ganzjahresdepression

Lächeln, sofern es nicht niederträchtig ist

Eine schlüssige Begründung für eine Gehaltsforderung

So ein bisschen Ersatzbefriedigung

Zu Fuß gehen

Ein bisschen die Beine vertreten

Ein kleiner Seitensprung

Ausdauersport

Im Gras liegen und den sanften Tönen der Natur lauschen

Eine kleine Rempelei nach dem Start

Eine anständige Tracht Prügel

Eine ordentliche Tracht Prügel

Ein Schwinger auf die Nase

Ein Klaps auf den Po

Eine Ohrfeige

Die g'sunde Watschn

Was wirkt ansteckend?

Die überschäumende Energie des Meeres

Ein freundliches und motiviertes Gesicht

Schnelles Sprechen

Freude am Singen

Gottes Geist

Annemarie Schimmels Begeisterung für den Orient

Die Lebensfreude der Polynesier

Die quirlige Betriebsamkeit der Menschen in Korea

Der liebenswürdige irische Schlendrian

Die südländische Lebenskunst der Maastrichter

Die Lebensfreude der Fastenleiterin Frau Gary

Flavia Bujors Fabulierfreude

Defätistische Haltung

Soziales Engagement

Rhythmus

Putzen

Panik

Der Erfolg des DVB-T-Projekts im Ballungsraum Berlin

Die Dynamik New Yorks

Das kooperative Prinzip von ifax-open®

Lausbübische Freude eines Dirigenten

Die Begeisterung ehrenamtlicher MitarbeiterInnen

Eine unverkrampfte Tonlage

Ein dicker Smiley

Fünfzig kleine Geschenke auf einmal

Begeisterung für den Stoff

Der Kokainberauschte

Die gute Laune, die sich in einem eleganten Anzug spiegelt

Die Fröhlichkeit der jungen Kopftuchträgerinnen

Abwanderung

Juckreiz

Nachhaltiges Handeln

Mangelndes Interesse der Lehrenden am Unterrichtsstoff

Das monumentale Umfeld der alpinen Erlebniswelt

Die Freude an der Selbstpersiflage im aufwändigen Bond-Spektakel «Moonraker»

Der positive Geist des Karma-Yogas

Das Lachen von Dani Giroud, dem Radquer-OK-Präsidenten in Obergösgen

Wozwischen hinkt der Vergleich?

Zwischen der statisch wie dynamisch variablen Lufthülle der Erde und einem Glaskasten

FH und Uni

Normalhörenden und CI-Kleinkind

Rammstein und Beatles

Laienhafter Qualitätsbeurteilung von Nudeln, Mehl oder Klopapier und der Entscheidung, welche Brille für ihn gut ist

Menschen und Küken

Heroin und Zigaretten

Marihuanahanf und Industriehanf

Lebensversicherung und Sozialstaat

Automobilindustrie und IT-Branche

Industrie- und Handelsumsätzen

Dentaler und allgemeinmedizinischer Versorgung

Zwischen «DJ-KICKS» von Daddy G. und anderen Ausgaben der Serie

Schalldruckpegelmessungen mit offenem und geschlossenem Hornmund

Heizungsanlagen- und Neuwagenkauf

Berlin und Ruhrgebiet

JSP und PHP

Zwischen einem eigenen «Seitenverwaltungssystem» und einem richtigen CMS

Abgabe auf Leermedien (CD-Rohlinge etc.) und GEZ-Gebühren für einen Fernsehapparat, den man nur mit Playstation nutzt

Billig-Discount-PC und -Mac

Mercedes-Stern und Google-PR

Yulduz Usmanova und Madonna

Zwischen einem Politiker und Küblböck

Zwischen der bestehenden Gesellschaft und einem fairen Roulettespiel

Mission heutzutage und einer Galle, die Zellen zur Niere schickt mit dem Auftrag, die Niere möge sich in Galle verwandeln

Bügeleisen und Mobilfunksender

Zwischen dem menschlichen Gehirn und einem unheimlich komplizierten Computer

PC und Alkohol

Mensch und Baum

Was erkennen selbst Blinde mit Krückstöcken?

Die amtierenden Vorstände des Galopper-Dachverbands haben sich in letzter Zeit nicht mit Ruhm bekleckert.

Blonde haben mehr Erfolg, besseren Sex und mehr Geld.

Man will Joschka Fischer demontieren.

Grufties/Gothics etc. sind normale Menschen mit teilweise echt schönen, normalen Klamotten.

Dass der AuRaLiS Streit sucht – und keine Hilfe

Die «obrigkeitlichen Gewalten» konnten niemals Jehova Gott und Jesus Christus sein.

Der Gesetzgeber misst Konsum von Alkohol und Cannabis mit zweierlei Maß.

Coco und Robin sind ineinander verknallt.

Was in Italien unter Berlusconi läuft – nämlich Mafia-Politik-Wirtschaft. Da kann man sich nur noch an den Kopf fassen.

Die Wale in Hermanus

Bei Auslandseinsätzen der Bundeswehr wird – außer ein paar Toten, darunter dann auch Deutsche – nichts rauskommen.

Wenn irgendwo nur Müll bei rauskommt

Dass Annette Schavans Vorschlag, in Moscheen Deutsch zur Pflichtsprache zu machen, nur abzielt auf eine Erhöhung ihrer Chancen, das Amt der Ministerpräsidentin zu erlangen

Seiten, auf denen mit Dialern gearbeitet wird

Wenn das Gleichgewicht fehlt

Dass Regionsversammlungen verlorene Liebesmüh sind, wenn im Schnitt nur ca. 40 % der Fanclubs diese besuchen

Zitate aus dem Film «Der Schuh des Manitu»

Dass Simpsons-Folgen wie «Homers Phobia» oder «Grampa gegen sexuelles Versagen» wohl kaum für Achtjährige verständlich oder ansprechend sind

Die zwei total vercheckten Propheten aus «Dogma»

Dass alle Szenen der TKKG-Fernsehserie, die irgendwie mit Schiffen zu tun haben, im Hamburger Hafen gedreht wurden

«**D**irty Pair» ist kein Manga.

Wenn das Bild unscharf ist, auch wenn der Autofokus angibt, scharf gestellt zu haben

Halbwellengetriebe – das ist C35.

Elefantenrüssel

Wenn maximal 13 500 ccm in einen Motorraum reinpassen!

Den deutlich schlankeren Kessel der 03

Dass absolut inkonsequentes Code-Design am Werk ist, wenn zwar an einigen Stellen templates verwendet werden, dann wiederum EIN HTML-Code zwischen dem PHP-Code steht

Eine sehr simple Platine

Normale Screenshots

'n Pontiac Firebird

Der Autowahn ist unerträglich geworden.

Thunder-Rahmen aus Stahl

Lichtfahrer sind sichtbarer!

Weiterentwicklung

Fakes

Diese Schizophrenie Arbeit/Freizeit

Was sollte man nicht auf die leichte Schulter nehmen?

Eine so genannte Winterdepression. Da sollte man zu wirksamen Gegenmaßnahmen greifen!

Mundgeruch bei einer Katze

Seinen Punktestand beim Kraftfahrtbundesamt in Flensburg

Mobbing

Die Auswahl eines Passfotos. Denn die Vorschriften sind millimetergenau.

Die beständige Speicherung elektronischer Dokumente. Denn sind die Daten einmal weg, ist das Gejammer groß.

Vordiplomsklausuren

Eine gestörte Scheidenflora während der Schwangerschaft

Das schwierige Thema Fernabsatz. Je nach Umfang bekommt man aber bei einem Anwalt eine AGB.

Ein Vorstellungsgespräch

Albträume

Befürchtungen, dass Lisa Nimmervolls Brutalo-Reformvorschläge in Bezug auf die Rentierschlittenkunde den Ruin der AHS-Unterstufe bedeuten würden

Die Sache mit Sonjas lang andauerndem Husten

Zahnfleischbluten. Denn dahinter steckt meistens bereits eine Vorstufe von Parodontitis.

Die Unterwasserrugby-Mannschaft des TC Bamberg (Süd)

Selbstmordgedanken

Wenn es dich am/im Po juckt. Das könnten Würmer sein.

Dass die immer stärker aufklaffende Schere zwischen Arm und Reich die Kriminalität in Südafrika fördert

Den Second Degré des Diplôme d'Etudes en Langue Française. Man muss schon einen riesigen Wortschatz haben, um die Prüfer zu überzeugen.

Sodbrennen. Andernfalls kann es zu bösartigen Veränderungen an der Speiseröhre kommen.

Die Finanzierung eines Unternehmens. Schließlich ist Geldmangel einer der häufigsten Gründe für das Ende einer Firma.

Allergien. Daraus kann nämlich Asthma werden!

Software-Entwicklung

Wenn beim Überspringen des Zahnriemens die Stellungen der Zahnriemenräder (Kurbelwelle/Nockenwelle) zueinander nicht mehr stimmen (Steuerzeiten verstellt)

Die Herausforderung, den Reichtum der Tier- und Pflanzenwelt zu erhalten

Die Rallye of Egypt. Sie ist härter und länger als die Desert Challenge in Dubai.

Einen Genion-Check

Die Zunahme der Jugend- und Kinderkriminalität

Die amerikanischen Atombunker östlich der Kaserne Spich. Dass dort bis in die sechziger Jahre atomare Sprengköpfe lagerten, wird in der Altlasten-Bestandsaufnahme nicht erwähnt.

Berufsunfähigkeit

Heuschnupfen. Bei falscher Behandlung oder Ignorieren kann Asthma ausgelöst werden.

Weihnachtsgeschenke – nachher steht man dumm da mit seinen Pralinen.

Schwere Rucksäcke

Was ist alles bequem vom Rechner zu Haus aus machbar?

In einer völlig real aussehenden Welt spazieren gehen

Restposten & Sonderangebote aus 16 Läden bestellen

Geschäfte tätigen, die Spaß machen

Viel Geld verdienen bei freier Zeiteinteilung und mit tollen Aufstiegschancen

Mit 35 € Kapitaleinsatz im Schlaf reich werden

Gratisparfümproben bekommen

Zieldaten entwenden

Im ft vorbeischneien

Viele Alltagsgeschäfte erledigen

Heißer Tittenfick mit Brustbesamung bei Hobbynutten und Omas

Stimmabgabe, elektronische Stadtversammlungen usw.

Einzelne Songs und ganze Alben vorhören und direkt kaufen

O'Well-Produkte bestellen – ob Verkaufs- oder Kabinenware

Tankstellen-Preise vergleichen

Versand von Haustür zu Haustür in Auftrag geben

Absolut superglückliche Kundin der Volksbank sein, ohne Gebühren zahlen zu müssen

Weihnachtsbaum ordern

Farbbänder, Papier, Folien und anderen Bürobedarf in großer Auswahl zu günstigen Preisen bestellen

Sogar das Essen bestellen. Hui

Karten verschicken, die für nur € 2,– incl. Porto binnen 48 Stunden im Briefkasten landen

Editieren sämtlicher Daten auf dem Telefon

Geräte konfigurieren und fernbedienen

Telefonnummern wählen

Berechnungen ausführen lassen

Die Unterrichtseinheit «Die Honigbiene» vorbereiten

Mittels entsprechender Wandlerkarte (bei der es sich um eine PC-Einschubkarte handelt) die Treiberbibliothek programmieren

Bücher ausleihen

Alle Funktionen des Finishers steuern

Auf die Suche gehen nach Autos, Reisen, exklusiven Weinen und Delikatessen

Verteilte Übungen durch Bildung virtueller Lerngruppen

Quasi alles erledigen

Nicht alles. Geht in ’ne Disse und lernt da eine kennen!

Richtig Mist bauen

Was ist tödlich für eine Beziehung?

Ewig einfach nur beleidigt sein

Ein Übermaß an Eifersucht

Nur den Alltag vorbeiziehen lassen. Es ist wichtig, dass man Zeit füreinander hat, für Gespräche oder einfach zusammensitzen und ein Glas Wein trinken.

Fremdgehen

Nicht mehr miteinander reden

Einander jeden Tag sehen, vor allem in jungen Jahren

Ironie in ernsthaften Konflikten

Nörgelei & Kontrollwahn

Das Arbeitsleben

Ewiges Rücksichtnehmen (bis zur Selbstaufgabe) und für alles Verständnis haben

Ausnutzen der Liebe des anderen

Wenn Telefongespräche mit einer Freundin, die erkältet ist, zu Misstrauen führen, weil die Stimme sich ja so männlich anhörte

Urlaub. Nach wenigen Tagen geht der Gesprächsstoff aus, man bemerkt Eigenarten, die einem noch nicht aufgefallen waren.

Gewohnheit und Entfremdung in die Ehe zu lassen

Alltag, mit dem einer oder sogar beide nicht so wirklich zufrieden sind

Zu wenig Zeit für private Angelegenheiten

Narzissmus

Jemanden zu etwas zu zwingen, was er/sie nicht will

Immer alles auf 0,5 Cent durch zwei teilen – aber ein gewisses Gleichgewicht im Geben und Nehmen muss schon herrschen.

Konflikten aus dem Weg gehen

Wochenlang ohne Sex bzw. nur Selbstbefriedigung

6 Stunden Zeitunterschied

Sein eigenes Leben, seine Freunde usw. für die Beziehung aufgeben

Immer die Hälfte der Probleme verschweigen, nur damit Friede, Freude, Eierkuchen herrscht

Gefühlsentzug oder Rückzug

Wenn man nur aufeinander sitzt. Da gehen die Gefühle bald verloren.

Absolute Abhängigkeit und das Klammern an den Partner

Einseitiger Kinderwunsch

Zukunftsangst, egal, in welcher Form

Misstrauen. Und wer nach einem Kondom verlangt, der z. B. misstraut seinem Partner.

Sich zurücklehnen und sagen: Die verlässt mich nicht.

Ironie in ernsthaften Konflikten

Wenn man etwas zu deutlich sagt, es sehr stark und hart klingt und dadurch gewisse emotionale Verletzungen entstehen

Schauspielern

Kind(er) als Beziehungskitt zu benutzen. Vielleicht bleibt man (länger) zusammen. Aber wie!

Was sind die besten Mittel gegen Traurigkeit?

Johanniskraut. Bekommst du in Drogerien oder Apotheken.

Bachblüten. Ein Mittelchen aus der Natur

Tee aus Basilikumblättern

Wilder Majoran

Schokolade. Aber nicht zu viel!

Antidepressiva

Sich in Arbeit stürzen

Etwas lernen – das ist das Einzige, was einen nie im Stich lässt.

E-Gitarre spielen

Blues, intensive Streichquartette oder ruhigen Pop hören

Musik – ganz laut

Einen Smily in der Größe seines Gesichtes mit einem roten Lippenstift auf einen Spiegel malen, sich davor hinsetzen und einfach mal 10 Minuten warten, was passiert

Puzzeln

Solarium

Punk Rock

Nach draußen gehen, wo man allein ist mit dem Himmel, der Natur und Gott

Badewanne und so

'ne Runde tanzen

Style dich mal auf, nur für dich!

Vor allem raus, raus unter Leute – bloß nicht in den eigenen vier Wänden versauern

Weinen hilft sehr gut, zunächst. Doch dann muss das Leben irgendwie weitergehen.

Reden, Sport, zocken; in manchen Fällen halt auch abreagieren

Kauf dir ein Buch, gönn dir einfach mal eine neue Hose oder eine Haarkur.

Hörbücher, wenn du nicht lesen magst

Die Wohnung entrümpeln, Blumen pflegen – tun, was einem Spaß macht

In den Arm nehmen lassen

Katze kraulen

Sich in einem Altenheim als Aushilfe anmelden

Telefonieren oder E-Mail schreiben

Reden, reden, reden. Oder Musik hören oder so

Mit Sachen um sich schmeißen, möglichst unzerbrechlichen

Probleme usw. auf Papier schreiben – und dann verbrennen

Genau drüber nachdenken, warum man traurig/wütend ist

Joggen im Wald oder über Felder

Schreien

Domian anrufen

Abhauen

Womit liegt man immer richtig?

Pinkfarbenes T-Shirt

Klassische Renaissance-Antiqua

Es sich so zurechtlegen, wie man's braucht, bzw. die Informationen so sammeln, dass sie ins eigene Weltbild passen

Gut frisierte Haare

Elmex-Kinder-Zahnpasta, schöner Brut ohne Jahrgang als Aperitif, Nietzsche

Täglich 150 mg Jodid und 75 mg L-Thyroxin

Blumen als Geschenk

Kombination oder Anzug beim Bewerbungsgespräch

Ein Mix verschiedener Zahlungsmittel für die Reisekasse (ob man als Individual- oder Pauschaltourist verreist)

Frivole Verwechslungskomödien

Käse und Getränk aus derselben Gegend

Helmut Schmidt

Viel Gemüse

Hillgaard-Häuser

Rucolasuppe

Bargeld

Alte analoge Praktika

Vonnegut

Intel CPU mit Intel-Chip

Von Deutschland aus auf die bösen Terroristen schimpfen

Blick in TÜV Auto-Report und TÜV NORD Vertrauens-Check zusammen

Klassisches Denim-Jeansjackett von Levis

Dem VFED-Motto «Mehr Pflanzliches, weniger Tierisches essen» folgen

Mit klassischer weißer Tischdecke, auf der auch mehrfarbiges Geschirr gut zur Geltung kommt

Musik von Ella Fitzgerald

Klemmmappe (die Farbe kann grundsätzlich frei gewählt werden)

Fisher-Price

Normale Gepflogenheiten einer Facharbeit

«**O**h du fröhliche!»

Romantik (Liebesgedichte als Hörbuch, eine Einladung zum romantischen Kinoabend oder ein tolles Candlelight-Dinner)

Themenpark «Port Aventura», die spanische Antwort auf Disneyland

Blechkuchen, Tomatensoße, bei allen magischen Operationen auf seine «innere Stimme» achten

Wenn man in der Diplomprüfung bei Zulley (Uni Regensburg) irgendetwas nicht weiß, einfach «Konditionierung» sagen. Er führt ziemlich alles auf irgendwelche Konditionierungsprozesse zurück.

Was ist zu tun, bis der Arzt kommt?

Argumentieren. Debattierclubs diskutieren alles von One-Night-Stands bis Klimapolitik.

Tanzen, auf einer kroatischen Familienfeierlichkeit

Games sammeln

Zutexten. Roger Willemsen liefert ein literarisches Geschwurbel der intellektuellen Premiumklasse.

Prügeln. Jeder fünfte Hauptschüler hat schon einmal so hart zugeschlagen, dass sein Opfer zum Arzt musste.

Online lernen – und selbst Doktor spielen: Anni König, eine betagte Dame, liegt in ihrer Wohnung und wartet auf virtuelle Hilfe.

Trinken. Vorratspackung grüner Tee für 2,99 €/kg

Saufen I. Mit dem Rippenspreizer Bierkrug (spülmaschinenfest)

Saufen II. Viele Jugendliche halten Sauforgien für cool und trinken sich ins Koma oder sogar in den Tod.

Feiern. Mit KISS-FM-Moderator und tollen Überraschungen

Mercedes-Werbung. N24 berichtete gut 35, n-tv gut 45 Minuten live von der Präsentation des neuen Mercedes SL Roadster.

In LAN-Daddeln den Rekord von vier Tagen knacken

Warten, sagt der grinsende Mann in Weiß, nachdem sich die Patientin ausgezogen hat. Er sei nämlich nur der Maler.

Ausreichend Motorradsitze auf Lager haben

Bei eBay mitbieten

Sparen I. Im Internet bekommt man z. B. Mainboards um 30% günstiger als beim Händler von nebenan.

Sparen II. Jetzt geht es auch den Kindertagesstätten an den Kragen.

Die Haut mit Chemie einschmieren, statt sie durch Kleidung, Hüte und Verzicht auf exzessives Sonnenbaden zu schützen

Ballern. Spiele müssen nicht zwangsläufig kompliziert sein.

Arbeiten, in der immer schneller getakteten Arbeitswelt

Surfen. Online-Sprechstunden erfreuen sich bei den Patienten immer größerer Beliebtheit.

Lachen. Das Universitätsklinikum in Halle setzt auf Spaß als Therapie für Kinder.

Am besten flach auf den Rücken legen und die Beine hoch lagern. Bei Bewusstlosigkeit ist die stabile Seitenlage angezeigt.

Schockeffekt von Schockeffekt jagen lassen. Ängstliche, in «Jian gui 10» mitgenommene Freundinnen quietschen alle 30 Sekunden.

Die Wiederbelebungsmaßnahmen fortsetzen

ode

Was steckt hierzulande noch in den Kinderschuhen?

Differenziert ausgebildete Kundenbindungsprogramme

Außergerichtliche Konfliktvermittlung

Risiko- und Schadensabwälzungsökonomie

True-Sale-Verbriefungen

Zeitwertkonten

Die Befruchtung von Theorie und Praxis einer Betriebswirtschaftslehre des Gesundheitswesens

Palliativmedizin

Gezielte Anwendung von RNA-Interferenz

Professionelle Schmerzkontrolle und Schmerzlinderung

Telematik

Kunsttherapie

Klonen

Triple Play

Ökostrom-Marketing

Frauen-Rugby

Flyball

Downhill-Skating

Die Kunst der Rede

Die Debatte um Studiengebühren

Die Ausbildung für Manager an Universitäten

Unihockey

Tornado-Forschung

Fundraising-Forschung

Science-Fiction-Forschung

Trauma-Forschung

Catering

Die Nutzung von Biomasse

Ethanol-Gewinnung aus Zuckerrüben

Das Thema des Corporate Citizenship

Die Virtualisierung der Behörden (trotz Fortschritten und gutem Willen)

Terrestrisches Digitalradio

Ein professionelles Medienangebot, das seinen Vorteil der Interaktivität auszuspielen weiß

Forschung in Bezug auf Mediensucht

Autokauf übers Internet

Alte Hüte

Arbeitskosten und Steuerbelastung in Deutschland müssen runter.

Wellness

Auseinandersetzungen über Kunst im öffentlichen Raum

Die Norm DOT 5 bei Bremsflüssigkeiten

Die Rückmeldung eines Cellisten, der «col legno» streichen soll, das klinge ja nach nichts

Das Frauenbild des Frauenmagazins «Woman»

Customer Centricity

Wurzelkanalaufbereitung

Die Wählergunst für Regierungsparteien lässt in der Mitte einer Legislaturperiode etwas nach.

Metzgereien faken das Mindesthaltbarkeitsdatum.

Vertrauen erhöht die Wirksamkeit ärztlicher Behandlung.

Eine analoge Kamera braucht ein gutes Objektiv.

Väter brauchen oft eine Weile, um ihre Papa-Rolle anzunehmen.

Endler kreuzen fruchtbar mit Guppys.

Aldi-Kunst

Druckluftmotoren

Die Bibel

Der tendenzielle Fall der Profitrate

Das Studiengebührenmodell der BDA

Das Defizit in der gesetzlichen Pflegeversicherung

Vergleich der Filme «Die Glorreichen Sieben» und «Die Sieben Samurai»

Das Lamento, Frauen hätten kein (oder ein anderes) Verhältnis zur Macht

Die Propaganda «Sozial ist, wer Arbeit schafft»

Die wissenschaftliche Erklärung dafür, dass Uri Geller Henry Maske im Armdrücken bezwang

Regenwassernutzung

Globalisierung

Die Lebensgeschichte des vitalen Helden aus Sicht des minderbegabten, neidzerknirschten Bruderherz zu erzählen

Menschen mit versteckten Kameras filmen

Krebs durch Genmanipulation heilen wollen

Photocollagen

Mobbing

Klagen über Fluglärm an kleinen Flugplätzen werden oft sehr erbittert geführt.

Die Musikindustrie überschwemmt Tauschbörsen mit gefälschten MP3-Dateien neuer Songs.

Die Lesegewohnheiten in Deutschland unterscheiden sich von den Vorlieben russischer Mediennutzer.

Schmerzen werden stimmungsabhängig wahrgenommen.

Synthetische Sprachausgabe

Das Oberlicht in Zügen als Versteck für Schmuggelware

Orgasmen als Nebeneffekt einer Behandlung mit elektronischen Impulsgebern

Wer oder was hält der Gesellschaft den Spiegel vor?

Propheten wie Jeremia

Das Dopingproblem im Sport

Die Soziologie

Countrymusic

Provokationen

Geschminkte Gesichter, Masken und Verkleidungen

Die eine Hälfte des Kabarettduos «Theuer & Schlächt»

Die Kabarettgruppe «BläckAut»

Die kabarettistische Figur «Sachsenmeyer»

Der Narr – dies ist die ihm angestammte Aufgabe

Das Theater (= dessen Hauptaufgabe)

«Moritat», ein Theaterprojekt, in dem die Mitmacher/innen fast alles selber machen

Die «Satanischen Essays» von LaVey

Fluchtpunkt-Autorin Jessica Goldberg

Literatur als soziale Erscheinung

Der großartige, soziale Herr Mankell

Ann Coulter, durch Sarkasmus / Zynismus

Filmemacher Michael Moore

«Abraham kann nichts dafür» – Kishon rulez!

Erasmus von Rotterdam

Helge Schneider mit seinem Buch «Der Scheich mit der Hundehaarallergie»

Heinrich Bölls «Ansichten eines Clowns»

Einige ziemlich gute Titel von Nena

Zappa

Eminem

Peter Ruges nadelspitzer Röntgenblick

Die in Roger Willemsens «Karneval der Tiere» enthaltene Kritik

Eine Kirche, die Salz der Erde ist

Einst, im legendären «Komödchen», die spitzzüngigen Kay und Lore Lorentz

Wohl kaum eine andere Institution in einem Ausmaß wie RTL2 – ein toller Sender

Straßenkinder, überall auf der Welt

Science-Fiction

Was ist viel besser als das Original?

«Dirty Dancing 2». Total super, echt romantisch und die Tanzeinlagen – einfach zu beneiden

«Dinner For One» beim Internationalen Heinkeltreffen in Neustadt / Holstein an Pfingsten 2005

Kaffeepads Hausmarke «Favor» – schmecken besser und haben weniger Bitterstoffe.

ArmaSport – eine völlig neue Generation von Gymnastikmatten, besser und durchdachter als je zuvor

Cherry Coke

Twix White. Bei dem dunklen großen Bruder fehlt der leckere Milchgeschmack

Vibrator «Real Vibe». Länge: 17,5 cm; Durchmesser: 3–4 cm; spürbar geädert, sehr biegsam, mit gerundeter Eichel. €29,95. Wird mit Gleitmittel- und Talkumpuderprobe geliefert.

Riesenpimmel – mit «Naked»-Shorts. Die heiße Slip-Kollektion, die mehr zeigt als verhüllt, feiert Homo-Triumphe.

Vegetarische Schnitzel und Leberkäse auf Tofu-Basis

«KaZaaLite» – keine Spyware, keine Begrenzung der Bitrate, keine Werbung

Roger Taylors Version von «Racing In The Street»

«Queen of the damned» von Tristesse de la Lune in der elegischen Nightmare-Version

«Knocking On Heaven's Door» in der Version von Guns N'Roses

Martin Scorseses 1991er Remake von J. Lee Thompsons Thriller «Kap der Angst» aus dem Jahre 1962

CSI Miami – die Hauptcharaktere irgendwie sympathischer und von besonderem Touch durch Florida-Atmosphäre

Die Erläuterung der Feuerzangenbowle in der Feuerzangenbowle-Inszenierung am Anhaltischen Theater

Die Klangqualität von Musikdateien nach Wandlung ins DVD- + Audio-Format, mittels dessen 45 Std. Musik auf eine DVD passen

Hermanns Pullover nach Färbung durch Heidekraut – das hat eine sehr schöne Farbe gezaubert.

Jacques Breuer als Aragorn

Einige Billigdruckertinten (in Einzeldisziplinen)

Ein Aerowischer-Set für die Heckscheibe. Soll wohl schon was bringen, in erster Linie isses aber erst mal Optik.

Ein Umrüstsatz 20W-Halogen-Kaltlicht-Spiegelbirnen für die beiden vorderen Funzeln von der Firma «Ex-Technik»

Gute Imitationen

Die Übersetzung des Satzes «High as a kite, everybody! Goofballs!» aus der Simpsons-Folge «Homer Loves Flanders» in «Er ist higher als Highlander mit seinen Höhenfliegern».

Übersetzungen von Jean-Pierre Ballaman

OddityTM Virtual Vintage Analog Synthesizer, dank der 24db-Filter

Caipirovka, die russische Variante des Caipirinha

Als Donauwellenbelag, alternativ zur Buttercreme: 500 ml Sahne steif schlagen, 500 ml Schmand und 80 g Zucker unterrühren

Einige Aldi-Produkte

Wie heißt es doch gleich noch so schön?

Zuerst kommt das Fressen und dann die Moral!

Was für Kinder gut ist, kann für Erwachsene doch nicht schlecht sein!

Jedem Künstler ist es recht, spricht man von anderen Künstlern schlecht!

Wenn das Wörtchen «wenn» nicht wär, wär ich bereits Milliardär.

Irren ist menschlich!

Sex sells.

Das Glück der Erde liegt auf dem Rücken der Pferde.

The road to hell is paved with good intentions.

Wer schön sein will, muss leiden.

Der Geist Gottes weht, wo er will.

Wo man tanzt, da lass dich ruhig nieder.

Nur ein Genie beherrscht das Chaos.

Curiosity killed the Cat … ford ka kills cat.

Suche, und du wirst immer einen Dooferen finden.

Glaube versetzt Berge.

Auf Dauer setzt sich eben die Qualität durch.

Das ist der Fluch der bösen Tat, dass sie fortwährend neues Unrecht muss gebären.

Vor dem Gesetz sind alle gleich, aber manche halt etwas gleicher.

Der erste Eindruck trügt nicht.

Gegen Windmühlen pissen bringt nichts.

Der Kunde ist König!

Quäle deinen Körper – sonst quält er dich.

Schwarzbraun ist die Haselnuss.

Ein vermiedener Kampf ist ein gewonnener Kampf.

Ich kann gar nicht so viel essen, wie ich kotzen möchte.

Jetzt wird z'erscht Promo gmacht, denn kunnt unser Album.

Kein Glück beim Spiel, Glück in der Liebe!

Genie und Wahnsinn liegen dicht beieinander!

Eine Mutter sollte nicht nur an einem Tag im Jahr geehrt werden, sondern jeden Tag.

Die Konkurrenz ist nur einen Mausklick entfernt.

Nach der Arbeit kommt das Aufräumen (und dann erst das Vergnügen).

Don't miss the biggest, fastest, zaniest, most fantastic show in the north.

Im Lee is schee.

Mit Wasser vom Rhein und Pisse vom Schwein und Fäkalien anderer Tiere, so braut man in Köln die Biere!

Ende gut, alles gut.

Wen muss man mit Samthandschuhen anfassen?

Superfans des Motorradfahrers Valentino Rossi

Juden, seit der Shoa

'ne Mutter mit kleinem Kind im Flugzeug nach Amerika

Peter O'Toole

Die Diode D36

Arme Assis mit schwerer Kindheit

Menschen von der Basis

Die Erdbeere – Königin des Beerenobstes. Das rote Früchtchen ist sehr druckempfindlich.

Tannen

Die USA

Jedes Teil eines Sonntags-Teeservices, bei dessen Kauf man die Nachkaufgarantie nicht berücksichtigt hat

Sensible Philosophen

Kleine Mädchen

'nen Wagen für Barbie

Die sexuelle Selbstbestimmung Anbelangendes

Nachbarn

Schwer erziehbare Kids

Syrien

Nur allzu bekannte Persönlichkeiten, die Simenons Maigret als Affärenpersonal Horror bereiteten

Aussätzige

Patienten während der Low-Dose-Therapie

Cookies

Die einem verrückten Ami abgekaufte, von 1100 auf 1300 cc aufgebohrte Kawasaki. Spitze macht die Hummel angeblich 347 km/h.

Überempfindliche Pedanten

Komische UniWien-Fächer

Die entzündete Gebärmutter einer Katze während der Operation, damit sie nicht platzt – so brüchig kann das Gewebe sein.

Die Ökologie

Das Kapital, die Konzerne

Die Feuerwehren

Das CD-ROM/DVD-Laufwerk des Acer Computers Aspire 1601 LC

Die sehr sensible Hündin Anuschka

Patienten auf der Onkologie

Selbst gebackenes, laktosefreies Buttergebäck. Es ist so locker, dass es sehr leicht bricht – ist aber sehr, sehr lecker.

Bekannte Strickmuster

Ein paar Jungs kennen sich von früher und erleben ein unglaubliches Abenteuer.

Eine Großstadtfamilie zieht aufs Land und wird terrorisiert.

Eine junge Frau wird vor dem Bösen bewahrt.

Wird kein Genosse Klinikchef, macht die SPD nicht mit.

2 schöne Balladen, viele flotte Songs, 2 bis 3 Hymnen und Mid-Tempo Songs etc.

Kaufen, wenn die Kanonen donnern

Liebe zwischen den Fronten

Zuerst die Gleichungen untereinander schreiben und die Striche zufügen

Vorsichtige und hoffnungslose Liebesgeschichte zweier Außenseiter am Rande der Gesellschaft

Der Thomaner-Chor wird in die Oper geholt und der Thomas-Kantor als Dirigent gewonnen.

Sich für 150 € registrieren, Gegenleistung: so gut wie nichts

Schuld sind immer die anderen – die Welt, die Bundesländer, die Kommunen, die Blockade im Bundesrat.

Viel Suff, viele tiefsinnige Scheiße etc.

Böse Außerirdische, die nichts Besseres im Sinn haben, als die lieben Menschen auszulöschen

Alberne Slapstick-Peinlichkeiten und rühriges Ende

Journalisten recherchieren – Politiker reagieren.

Sell on good news

Britney steht Patin, Toni Braxton darf als Mutter im Geiste genannt werden – und selbst den Spice Girls wird Tribut gezollt.

Kritiker als anomale Querdenker zu mobben und sie, wenn es nicht anders geht, zu Terroristen hochstilisiert zu eliminieren

Wenn Tränen fließen, werden starke Schultern gebraucht.

Ausgelassene junge Leute auf Reisen; Auftritt hübscher Mädchen, hüllenlos – der betrunkene Jungmänner-Mob (re-)agiert.

Bei erneuerbaren Energien ist die rot-grüne Energiepolitik progressiv, bei der Energieeffizienz bleibt sie hinter den Potenzialen zurück.

Die Entdeckung des verkannten Genies

Keine sachbezogene Kritik, sondern Beleidigungen

Ein einzelner Mann versucht – mit Hilfe zweier unglaubwürdiger Gehilfen – den Präsidenten der Vereinigten Staaten zu retten.

Hübsch dialektisch verfahren

Konferenzen mit endlosen Referaten und anschließenden Diskussionsduellen

Er liebt sie, aber sie ist unerreichbar, also bringt er sich um.

Wem würde etwas mehr von was gut zu Gesicht stehen?

Dem Vokswagen-Konzern: Ehrlichkeit und Selbstkritik

Der Spieleindustrie: Sorgfalt

Gerade dem Literaturteil der FAZ: Geschichtsbewusstsein und Basiswissen Codicologie

Uns Deutschen in der Frage, ob Schächten barbarische Tierquälerei oder kulturelle Vielfalt ist: Selbstbewusstsein

Uns Männern: Mut

Dem Nissan Murano 3.5.: Kraft auf der Hinterachse

Dem Peugot 307: französischer Chic

Neptun 22, eins der meistverkauften deutschen Kajütsegelboote: Glanz im Gelcoat

«Pharmakologie in Frage und Antwort»: Farbe

Dem nächsten Output von The Ark: Reife

Den Seiten des TTV 75 Eitzum: aktueller Inhalt

Dem TSV Milbertshofen: Bescheidenheit

Der holländischen Death-Metal-Band Severe Torture: Eigenständigkeit

Ihrer eigenen Partei, findet die streitbare alte Dame Hanna-Renate Laurien (CDU): Streitkultur

Der Security des Summer-Breeze-Festivals: Routine und Integrität

Der Bewertungsfront, allgemein: Konzilianz

Der Küche des Restaurants «Zauberberg» in Neuhausen: Wagnis, hier und da

Manchen proclans: Understatement

So manchem im «Forum Tauchunfälle»: Zurückhaltung im öffentlichen Urteilen über verstorbene Sportskameraden

«Luigi's Mansion» von Nintendo: spielerische Abwechslung

Dem Navigationssystem «Garmin GPS V»: Knowhow des GPS III+

Dem Handy «Treo 270»: SMS-Funktionalität

Dem Sound der Band Shadowlord: Uptempo

Oliver Kahn: Ruhe

Dem sehr eleganten, süßlichen, fruchtigen 90er «La Lagune»: Druck

Dem deutschen medizinischen Bibliothekswesen: internationale Aktivität

Was hat immer Saison?

Die Region Hannover

Die pulsierende Großstadt Stuttgart

Herbert Secklers berühmte Holzhütte «Sansibar» in Sylts Dünen

Die Gummizelle

Südtirol

Das kleine Schwarze

Genuss in Weiß

Seide

Der Gipshax

Flanell – der Klassiker unter den Kombinationshosen

Das Zecken-Thema

Matjes

Ein schöner Nachtisch

Guter Tee

Gepflegter Style

Die Suche nach einem Produkt, das Qualität mit einem guten Preis verbindet

Lyrik

Pasta

Geistreiche PR

Kuscheln

Kommunikation via Spraydose

Feiner Rippenstrick in luftiger Baumwolle

Sicherheit im Straßenverkehr

Einbruch

Die Mariazellerbahn

Wildbret

Die Medizin zu zerlegen

Brennball

Produktentwicklung in der Möbelindustrie

Der Blutwurzlikör

Discofox

Osnabrück

Was ist wahr, auch wenn es vielleicht abgedroschen klingt?

Trotzdem! Vielleicht gerade deshalb!

Nur zusammen ist man stark.

Fußball ist ein Spiegel der Gesellschaft. Also gibt es in Stadien auch Neonazis.

Im Fußball ist fast alles möglich.

Spenden Sie für Asien!

Das beste Heilmittel gegen eine alte Liebe ist eine neue Liebe.

Um Investitionen zu tätigen, die für Neueinstellungen sorgen, müssen die Unternehmen zunächst Kapital ansammeln.

Der Kommerz hat Cypress Hill verdorben.

Übung macht den Meister!

Müll gehört in Mülltonnen. Auch benutzte Kondome, Feuchttücher und Tampons gehören nicht in den Wald.

Wer nicht genießt, ist ungenießbar.

Am besten lernt man aus Fehlern.

Wenn man das Buch vorher schon kannte, ist man vom Film «Die purpurnen Flüsse» ziemlich enttäuscht.

Nichts tut mehr weh als ein gebrochenes Herz!

Wehret den Anfängen.

Alles Gute von mir, viele schöne Geschenke und natürlich, dass alles, was du dir vorstellst, in Erfüllung geht

Setzen Sie ein entspanntes, freundliches Lächeln auf. Das lässt Sie sympathisch und positiv rüberkommen.

In der Firma Southwest sind alle eine große Familie.

Naturfarben sind empfehlenswert als Basis für ein erotisches Schlafzimmer. Keine Primärfarben – die sind viel zu direkt.

Wer viele Zweikämpfe verliert, kann kein Spiel gewinnen.

Die Melodien auf Keith Caputos CD «Died Laughing» fressen sich nach einiger Zeit in den Gehörgängen fest.

Angesichts des Elends auf der Welt kann es doch nur einen Wunsch geben, oder?

Eine regelmäßige Fortbildung ist unverzichtbar.

«**M**ir kann das nicht passieren», meinen viele – seid nicht leichtsinnig! Schützt euch vor Aids!

Die 68er-Generation hat uns mächtig ruiniert.

Das Schönste ist, nach längerer Zeit im Ausland nach Hause zu kommen und zu kochen.

Vor 300 Jahren hätte sich sicher keiner Dinge wie Flugzeuge erträumt.

Wahre Schönheit kommt von innen.

Nur über den Kampf kann man ins Spiel kommen.

13 ist schon noch sehr jung.

Die Ursachen für die Lage der Dinge sind vor allem bei Erfahrungen in unserer Kindheit zu suchen.

Der Speedster liegt echt wie ein Brett auf der Straße.

Zur Politik einer immer engeren Zusammenarbeit in Europa gibt es keine vernünftige Alternative.

Man muss dabei gewesen sein.

issenschaft

Was ist eine Wissenschaft für sich?

Nordic Walking

Klinische Ernährungs- und Infusionstherapie

Korrekt zitieren

Organische Chemie

Der in den sechziger Jahren entstandene Boogaloo-Tanz

Steuern sparen

Fußball

Bier einschenken

Tee

2000 Inhaltsstoffe so zu kombinieren, dass nicht nur der Durst gelöscht, sondern auch der Geschmack befriedigt wird

Das Zusammenstellen einer attraktiven Kirmes

Den Überblick zu haben über die rund 100 gebräuchlichen Einzelinstrumente des gesamten Schlagzeugapparates

Die vielfältigen Spielarten der pfälzischen Sprache

Das Studium der College-Krawatten

Ein gutes und stimmiges Set aus Planetenklangschalen zusammenzustellen

Das Thema Müll

Scannen

Frauen

Gründliche Kostenanalyse in komplexen Netzwerkarchitekturen

Anlagestrategie

Handel mit der abstrakten Ware Strom

Die Höhe des Architektenhonorars zu berechnen

Wohngeld

Liebe

Pflanzabstände von Hecken

Die Entwicklung von Klimageräten

Zündkerzen

Drogen

Kaninchenernährung

Die richtige Ernährung für Kraftsportler und Bodybuilder

Digitale Fotografie

Farbkorrektur

Fechten

Bedienung und Lenkung der guten alten Planierraupe

Tennisplatzpflege

Die Bepflanzung eines Gartenteichs

Antragstellung bei der EU

Billig kochen

Womit muss man immer rechnen?

Dass die meisten Ärzte und Krankenhäuser negativ gegenüber Hausgeburten eingestellt sind

Sensationslust der Leute

Ein bisschen Schwund

Mit speziellen Besonderheiten im Erleben und Verhalten von Menschen mit Asperger-Syndrom

Radarkontrollen

Dem AE-Effekt

Dass Personen im Internet anders auftreten als im Reallife

800 € für 'nen guten Rechner

Dass ein paar Zelte absaufen

Mit Kursschwankungen und der Möglichkeit eines Totalverlustes

Dass auch ein noch so braves Pferd mal erschrickt

Mücken

Springböcken

Quallen

Plötzlichem Rhythmuswechsel, abrupter Tempoveränderung, einem schnellen Wechsel der Tonart – wenn man Tschaikowsky hört

Mit Schlaglöchern

Negativen Reaktionen. Besonders bei ungenügenden Leistungen

Heimlichen Spannern am Fenster

Mit den Deutschen. Auch wenn sie kaum Stars haben und keinen guten Fußball spielen

Einem Korb

Speicherplatzmangel

Spätmetastasierungen

Köln

Dass es wieder bergab geht

Mit einer Feuerwehr

Der CSU, dem CSU-Vorsitzenden

Tiger Woods

Mit anderen

Dauerabonnenten

Toffeln

Franz-Peter Hofmeister. Ob sportlich oder im Beruf

Yvonne Catterfeld

Regen

Mit einer kleinen Rente

Was ist eine gefährliche Mischung?

Bahnhofsbuchhandlungen und langes Warten auf einen ICE-Ersatzzug

Amazon und Zivigehalt

Stress und Fischen

Pseudowissenschaftliche Halbwahrheiten, unsubstanzierte Behauptungen und nachweisliche Lügen

Hitzestau und alte Kabel

Cowboy-Hut und freier Oberkörper

Echt sauer und hungrig

Übertriebener sportlicher Ehrgeiz und Herz-Kreislauf-Probleme

Wintersport und Alkohol

Deprimiert und Alkohol

Bier und englische Fußballfans

Bier und Oi/Punk

Genever und Bier (= «Tulip»). Wer es noch gefährlicher wünscht, erhöht den Genever-Anteil.

Leidenschaftlicher Autor, Geek und eBay-Fanatiker

Verletzter Stolz und militärische Stärke bei wirtschaftlicher und politischer Ohnmacht

Reichtum und Dummheit

Blöd und rechts außen

Unverbrämter Kapitalismus, militärischer Vorwärtsdrang und messianische Ideologie

Schuljunge und Verführer

Große Biederkeit und die Unfähigkeit, nein zu sagen

Drogenabhängig sein und eine Pistole haben

Droge und Trend

Chemikalien, Milben, Milbenkot und Schimmelpilze

Die in Brennelementen enthaltenen radioaktiven Spaltprodukte

Idealismus und Naivität

Ignoranz, völlige Unkenntnis und Tabus

Egoismus und Magie

Hoffnung, Furcht und Ignoranz

Von Grund auf zerrüttet, egozentrisch und gnadenlos

Was ist nicht im Sinne des Erfinders?

Mozart-Konzerte mit beispielsweise jazzigen oder atonalen Kadenzen

Die sexuelle Hinwendung zum eigenen Geschlecht

Dauerparker in Unterschleißheims Rathausplatz-Tiefgarage

Reguläre Arbeitsverhältnisse durch Sklavenarbeit ersetzen

Einem 20-Jährigen Sozialhilfe zahlen

Wenn künstlerische Arbeiten auf Teufel komm raus mit Benutzeraspekten versehen werden

Eine E-Mail mit 23 Anlagen, die jeweils einzeln abgespeichert werden müssen

Eine CD, wo laufend nur Fehler zu hören sind

Schlecht geschaltete Ampeln

Mehrfachbesteuerung, wenn Erträge durch private Teilnahme an Vielflieger-Bonusprogrammen steuerpflichtig werden

Fördermittel des Bundes für den Aufbau Ost werden nicht in die Infrastruktur investiert, sondern zur Deckung laufender Kosten.

Anschaffen und ausbeuten als Aufgabe von Missionaren

Dass die Gebote eine Last sind

Rückstände von Schmerzmitteln im Grundwasser

Koss Stereo-Kopfhörer KSC 55 verkehrt herum aufsetzen, um den Druck des Gestänges zu mindern. Sieht ein wenig komisch aus!

Viele Innovationen. Oft stehen Zufall und Versehen Pate.

Den Tierpark in eine einzige Litfaßsäule zu verwandeln

Die Sendehoheit von RTL

Aphasie als Ergebnis gymnasialen Arbeitens

Wenn auch mit Doppelpaddel zeitweises Nur-rechts-Paddeln erforderlich ist, weil der Bug sich immer wieder in den Wind dreht

Gerade mal anderthalb Torchancen in 90 Minuten Heimspiel

Jedes Mal das Gefummel mit dem Frischhaltefolienspender

Sich – grob kopiert – in Baumärkten wiederfindende Entwürfe des zu Recht «Poet des Lichtes» genannten, besten und innovativsten Lichtdesigners der Welt, Ingo Maurer

Schwungvoller – als Besuch getarnter – Drogenhandel auf der Therapiestation «Walkabout» (Kainbach/Österreich)

Wenn die Basketballabteilung der Lübecker Turnerschaft durch Kühlschranktemperaturen in der Turnhalle erkrankt

Der einzige Zug auf der landschaftlich einmaligen Bahnstrecke von Sljudjanka nach Port Bajkal fährt erst um 20.00 Uhr ab.

Von der Firma Maatwerk als Mensch zweiter Klasse behandelt zu werden

Schulinstallationen, wo jeder Schüler administrative Rechte hat

Jeden Mitmenschen zu bemitleiden

Wer kocht auch nur mit Wasser?

Michael Zürn, akademischer Direktor der privaten «Hertie School of Governance»

Porsche. Die schauen auch auf die Kosten.

Rating-Agenturen

Die Sonne. Die soll sich nicht so aufspielen, die gelbe Sau.

Manchester United

Arminia Bielefeld

Thomas Mann

Sergio Garcia

Ein Amt, gleich welches

Das Medium Frau Lautenschläger – auch nur ein Mensch, genial hin oder her

Boxsuperstar Oscar «Golden Boy» De La Hoya

Gastcaller. Er/sie tanzt wahrscheinlich schlechter als Sie!

Das XOn-Doppelpendel

Die Gegenseite. Bloß nicht ärgern lassen

Hymer, renommiert hin oder her

Außerhalb von Osnabrück: auch alle

Die CDU

Masken-Hersteller

Die Coop-Versicherung-Bauernfängerei

Jungs. Frauen sollten mehr Selbstvertrauen an den Tag legen.

Die Mädels. Also ran, und wenn dich deine Schüchternheit nervt, dann besuch doch einen Flirtkurs.

Der kalte Schnee vor der Haustür. Genau wie alle anderen

Alle Kulturhauptstadt-Bewerber

Teure Hollywoodproduktionen

Cracks

Sony und Co.

Der Friseur «Frisuren-Trends» in Ludwigsburg

Teure Töpfe (laut Stiftung Warentest)

Die anderen Prüfungskandidaten

Vermeintliche Top-Agenturen

Die Amerikaner. Die Amme ist Herrin, solange sie das Kind nährt.

Bachelor

Super Highend-Basen. Versuchen Sie stattdessen einfach mal MDF- oder Multiplex-Basen.

Die anderen. Das Benchmarking sollte man nicht übertreiben.

Bildungscontroller

Anlageprofis

Psychologen. Ohne einen konkreten Verdacht da hinzudackeln hat kaum Aussicht auf Erfolg.

Das Amt für Denkmalschutz

Die Atombranche

Ärzte. Die haben auch nur studiert.

Was kann man alles knicken?

Wenn man 30 Jahre alt ist, vier Kinder hat und keine Arbeit: Ziele

Die Rahmenbedingungen von Zeitarbeitsfirmen

Den VW Golf G60 – viel zu anfällig

Zuckerfreie Bonbons während einer Atkins-Low-Carb-Diät

Gebühr fürs Privatfernsehen. Privatfernsehen ist privat.

Ein Inkassounternehmen zu beauftragen, wenn zwei eBay-Käufer im Wert von je 10 Euro ersteigerte Waren nicht zahlen.

Selber programmieren, wenn du nicht voll die Ahnung hast!

Was man in den meisten Büchern über die Ammoniakkonzentrationsproblematik in Fischtransportwasser liest.

Edding-Beschriftung direkt von CD/DVD entfernen. Denn die dafür nötigen Lösungsmittel können Daten unlesbar machen.

Dass Binsenamadinen, Gouldamadinen und Silberschnäbelchen in ein und derselben Voliere einzeln brüten

Für einen Border Collie mit sehr starkem Hütetrieb, den man nie nie nie aus ihm rausbekommt, Geld zu bekommen

Auf kmk-sports.de Bumbers für Polokajaks kaufen

VDSL, sofern du nicht auf Glasfaser hängst

Automatisch Sound aus Flash-Dateien mitschneiden

DVB-T mit USB. Das gibt es nur für Firewire.

Mechanische Scheibenbremsen. Bessere Bremspower als die guten V-Brakes bieten die auf keinen Fall.

Eine Olympus mit zehnfachem Zoom. Wackelfreie Aufnahmen gelingen bei zehnfachem Zoom eigentlich nur mit Stativ.

LP-CD in Hamburg. Vinyl wird dort ohne Plastikhüllen gelagert und ist in entsprechendem Zustand (Flohmarkt, ganz unten).

Hanfpflanzen statt mit einer Natriumdampflampe mit einer Tischhalogenlampe zu bestrahlen

Realistische Aussichten auf einen Arbeitsplatz als Fachinformatiker oder Mediendesigner nach einer SGB-III-IT-Fortbildung

Breites öffentliches Interesse für die Thematik «Nachträgliche Legalisierung unzulässiger Patenterteilungen»

Als normaler Feuerwehrmann: Sonderrechte mit zivilem Fahrzeug. Bei Rot über die Ampel wird's schon sehr kritisch.

Weiße Weihnacht in Deutschland, meistens

Rainbow Tours – übervolle Zimmer, aufdringliche Betreuer und geplatzte Absprachen

Ampelschaltungen in Hannover

Ein langfristig erfülltes Sexleben innerhalb einer Partnerschaft

Die Katze mit in den Urlaub nehmen. Stell dir vor, der Kater kommt da unten weg.

Was ist auch nicht ganz ohne?

Die permanente Mutterkornvergiftung in Deutschland

Der Christkindlmarkt in Regensburg

Die Frage mit den islamischen Feiertagen

Autofahren mit offenen Scheiben

Bei viel Wind auf dem Bullidach rummachen

Auf dem Wasser tanken, in einem schwankenden Boot

Mit Bombenlast und einem 1,3-Millionen-Vogel abheben

Eine Vollbremsung mit blockiertem Hinterrad bis zum Stillstand, wenn die Straße nicht in der Waage ist

Das Risiko, wenn man nicht mehr die Jüngste ist und Zwillinge erwartet

Der Schritt vom Omega zum Zafira

Kickboxen

Die französischen Programmierer

Anna Navarra aus DX – die Implantate sehen so krass aus

Eine neue Herzklappe

Eine private Krankenversicherung, wenn man Familie hat

Das Abschuppen selbst geangelter Fische in der Küche

Pyrenäentraining mit 10 000 Höhenmetern

Die Abwicklung einer Hochschule und das Zusammenraufen an einer ehrwürdigen Alma Mater erleben zu dürfen

Veränderung des Teints von «scheinbar todkrank» zu «Oh, warst du in den Ferien?»

Verwandlung von Illustriertenschnipseln in Geld

Für ein halbes Jahr im Voraus zahlen (beim Kauf von WebSpace)

Akku des Handymodells LG G5400 (hält 230 Std. Stand-By durch)

Die zunehmende Amerikanisierung in unserer Kultur und Sprache

So ein Bauchnabelpiercing. Gibt ganz schnell mal eine Entzündung, die sich am Unterbauch ausbreiten kann

Ein Notkaiserschnitt

Eine hochpräzise, auf paar wenige tausendstel Millimeter genaue Zylinderlaufgarnitur

Basel (für Biker)

Havanna von oben

Die Abstrahlung von einem Bluetooth-Sender

Was so ein PC verschlingt: neue Graka, neuer Ram, neuer CPU usw.

Auf einem Gummiring hinter einem Boot hergezogen werden

Sich die Gebärmutter entfernen lassen

Alle «Sailor Moon»-Folgen auf Video haben

GEMA-pflichtig sein in dem Moment, wo du Musik spielst

Sich anzumaßen, Gottes Sohn zu sein. Dafür kommt man heutzutage in die Klapsmühle.

Von Paris nach Ochsenhausen zu ziehen

Was muss man mit der Lupe suchen?

Die Erschließung neuer Märkte durch deutsche Bauunternehmen

Start-ups aus der Nanowelt

Musikalische Unterschiede zwischen einzelnen Offspring-Alben

Wirklich gute Trance

Rundum überzeugende Neuaufnahmen der Beethoven-Konzerte

Innovationen in der Malerei

Vitamine in Kopfsalat

Pädagogische Zielsetzungen im Modellvorhaben «Schule 21»

Die Altershinweise auf Alcopop-Flaschen

Die zumeist im Kleingedruckten versteckte, EU-weit vorgeschriebene Kennzeichnung gentechnisch veränderter Produkte

Medizinische Internetcafés

Echte Seherinnen

Oberärztinnen

Prominente Spitzenkandidaten für die Europawahl

Freie Stellen für Journalisten in Deutschland

Menschen in Montana

Lebensmittelläden in Berlin-Mitte

Gute Weine in Literflaschen

Döner-Buden in Prag

Vegetarische Lokale in Tschechien

Österreicher in großen europäischen Ligen

Bildschäden in der DVD-Version von «Indiana Jones And The Last Crusade»

Frauen, die ihre Familie vernachlässigen

Allradgetriebene Kleinwagen

Handys, die über einen Mac-Treiber für die Infrarot-Schnittstelle verfügen

Fotogeschäfte, die noch «Pentax» im Programm haben

Altmodisches Blech

Sulfidionen

Was ist nun mal Fakt?

Der Neusiedlersee ist ein sensibles Gewässer.

Ein Mensch braucht zum Überleben ein Einkommen.

Ob ein Hund beißt, hängt ab vom individuellen Wehrtrieb und ob er ggf. angehetzt wurde.

Die Jugend lässt sich nicht vom Cannabis-Verbot abschrecken.

Die Welt besteht größtenteils aus rücksichtslosen und egoistischen Menschen.

Prozentual sind weit mehr Homosexuelle Aids-infiziert als Männer der heterosexuellen Normalbevölkerung.

Viele Zuwanderer haben ohne Zwangsmaßnahmen keinen Anreiz, die deutsche Sprache zu lernen.

Die Türken machen überall Zirkus (Aachen, Bochum, Bielefeld).

Es gibt genauso Europäer wie Moslems, die stinken.

Über kurz oder lang schwinden unsere Ölreserven.

Egal, wie schlimm das Regime im Irak war, es wurden bis jetzt keine Massenvernichtungswaffen gefunden.

Ölmangel verursacht Motorschäden.

George W. Bush ist abstinenter Alkoholiker.

Nichtwähler-Aktionen und -Begründungen auf Stimmzetteln interessieren niemanden wirklich.

Selbst die Telekom ist am Schluchzen, seit es Call-by-call gibt.

Deutsche Bank, Commerzbank, Dresdner Bank haben sich massiv an Juden und anderen Minderheiten bereichert.

Die Politiker in der Nachkriegsära standen den Wirtschaftsbossen immer sehr nah.

Es ist schon 'ne schwache Leistung von Sony, erst Features zu versprechen und sie dann wieder abzusagen.

Privatanschlüsse verursachen Traffic ohne Ende, weil jeder Mist gezogen wird und 247 dubiose Tauschbörsen laufen.

Die wenigsten Anbieter haben Mitarbeiter vor Ort, die im Notfall am Server schrauben können.

Erst seit dem Wechsel Rossis und seiner Technikcrew geht es bei Yamaha richtig aufwärts.

Keiner kann einem voraussagen, wie eine Sklerodermie individuell verläuft.

Durch Zecken können Borreliose und FSME übertragen werden.

Jeder, der Ausdauersport betreibt, verspürt nach kurzer Zeit eine Veränderung an seinen Muskeln.

Craniosacrale Therapie darf nicht als Kassenleistung auf KG-Rez. abgerechnet werden.

Was heilt, ist richtig.

Krieg ist nie gut.

Keins der alternativen Fluggeräte, an denen die Deutschen während des 2. Weltkriegs werkelten, kam zum Einsatz – und ein Ufo schon gar nicht.

Ohne die Erfahrungen der ehemaligen Soldaten hätte keine Bundeswehr aufgebaut werden können.

Bei «Bombing The Reich» sitzen 30 Mann teilweise über 10 Minuten dumm rum, weil die Gegnerseite den letzten, irgendwo im Hangar campenden Deutschen nicht findet.

Jeder erwirtschaftete Mehrwert eines Betriebes ist abhängig von der Motivation seiner Mitarbeiter.

In den letzten Jahren lag die Inflation deutlich über den Lohnerhöhungen.

Es gibt im Schwabenländle keine leckeren Grillwürstchen.

Glaube

Wie lautet die Gretchenfrage?

Wie halten wir's mit dem Baden am Baggersee Erlich?

Darf eine Kabarettistin im Kopftuch auf die Bühne?

Haben geklonte embryonale Zellen und daraus entstehende Zellverbände schon Menschenwürde?

Teilen Pitt und Jolie auch privat das Bett?

Waren die Opfer der Boden- und Industriereform das Opfer einer strafrechtlichen Verfolgung gewesen?

Wie findet man den Dienstleister seines Vertrauens?

Was macht der TR, wenn ich von ihm Division durch b∗ba∗b verlange?

Was sind «maßvolle Spiele»?

Wie hältst du's mit der getrennten Organisierung von Frauen?

Geht die neue Bahn von Blatten über Tschuggen auf die Kühmatte oder ohne Umweg direkt auf den Schönbiel?

Kann ein heißer Stein kühleres Wasser erwärmen?

Wie der Realität nahe kommen?

Welche Veränderungen wollen Klinsmann & Co. durchsetzen, um Deutschland fit für die Weltmeisterschaft 2006 zu machen?

Wie hält es die CSU mit dem Reformkurs?

Was ist mit Werner?

Wer beherrscht den Welthandel für Weizen?

Welcher Heizungstyp ist für uns der beste, günstigste und umweltfreundlichste?

Sind Daten aus Ratings ordinal- oder kardinalskaliert?

Nun sagt doch endlich mal, wie habt ihr's mit den Pentagono-Zertifikaten?

Wie bekommen wir die Nichtabiturienten in die Arbeitswelt – und nicht erst mit 30 Jahren?

Was passt für mein Unternehmen?

Ist der neuerliche automobile Vorstoß von Quelle ein Marketing-Gag oder mehr?

Wie wichtig ist mir meine Gesundheit?

Digi-Cam oder Digi-Camcorder?

Wie hältst du es mit der typisch spätmodernen Beschränkung staatlicher Kriminalitätsvorsorge zugunsten einer expandierenden käuflichen Sicherheit?

Daune oder Kunstfaser?

Steigt die künstlerische Qualität mit zunehmender Rückweisungsquote?

Sagt uns, wie haltet ihr's mit der Südumgehung?

Bilder für die Götter

Blick von der Spitze der Torres bis zur Laguna Vega – ein Panorama von ca. 2000 m

Geschöpfe wie das Bauch-Juju oder das Todes-Juju

Die Milch-Energy-Girls in ihrem blau-weißen Outfit und mit einem Milchtank auf dem Rücken

125 Güllepumpen neben- und hintereinander auf einer Straße

Joschi klettert nach unten auf den Volierenboden und schaut Betty fragend an.

Wauwi wie ein Blitz querfeldein, Mary wie eine Wilde hinterher

Walter Koenig mit Kopftuch und Küchenschürze, unter der die nackten Beine hervorschauen

Der schwule Sethimus Typhon mit einem ohnmächtigen Mädchen im Arm und einem Fuß in der Hundescheiße

Ein alter Mann, der jeden Tag mit seiner Katze spazieren geht und sich dabei angeregt mit ihr unterhält

Ein Pulk von heftig durchstartenden Bangern und Bangerinnen im Zürcher Volkshaus

Beim Siegtor tritt ein Ordner aus lauter Verzweiflung einem Heimfan in den Allerwertesten.

Auf einem Bein hüpfende Cheerleader, die zu einem lautstarken «Hähähähähä» die Zunge raushängen lassen und wild mit dem Kopf wackeln

Ein Raum, der sich in ein Meer von auf Stühlen hackenden Grünkitteln verwandelt

In ihren Felltangas steckend, fordert die Band Manowar: «Whimps and posers / Leave the hall!»

Die DDR-Punk-Band Feeling B steht vor einer SED-Einstufungskommission.

Die einzigartige Formation Plejaden, Saturn, Jupiter, Aldebaran, recht hoch am Himmel und mittendrin: der abnehmende Mond

Ein verwirrter Pizzabote, ein wutentbrannter Gastronom – und Heike, die kühl fragt: «Was wollen Sie?»

Der Pfarrer schwingt den Schrubber.

Frau schreit Schafe an.

Abends beim letzten Gang ins Feld spazieren die Kater oft mit.

Vier Mädchen, in weißen Kommunionskleidern auf den Barhockern im Internet-Cafe, fröhlich surfend

Drei skurrile bayrische Gestalten, die zünftige Musik machen und schrecklich schräg singen

Stephan Runge und George le Bonsai in den neuesten Kreationen des aufstrebenden Modeschöpfers Laurent Daniels

Shauns heruntergekommene Familie

8 Leute fallen gleichzeitig um.

30 Busse, voll mit Herthanern, wie am Schnürchen gezogen

Tanzende und springende Horden inmitten der Skatoons, die viel Spaß an ihrer Musik haben und dies auch zeigen

Meat Loaf als Big Bob drückt den zierlichen Edward Norton an seine künstlichen Brüste.

Jan Garbarek mit Saxophonkoffer vor Menschen, die völlig aus dem Häuschen sind, und er, leicht betreten, senkt den Kopf.

Ein Grieche und ein Brasilianer, die zum ersten Mal mit dem Boot rausfahren möchten

Ein Schäferhund flüchtet vor einem laut bellenden Dackel.

Eine Heldengruppe, die im wahrsten Sinne des Wortes mit heruntergelassenen Hosen erwischt wird

Woran scheiden sich die Geister?

Ob der Homo sapiens neanderthalensis eine eigenständige Menschenart oder eine Unterart des Homo sapiens war

Ob Fernsehen Kinder fördert oder ihnen schadet

Was gute Führung ausmacht.

Ob der Organismus als Produkt eines Rechenprozesses anzusehen ist

Politik und Religion

Ob Bruno Ganz als Theater- oder als Filmschauspieler besser ist

Was genau Quads eigentlich sind

Wo der Weihnachtsmann nun wirklich daheim ist

Wie unser Bildungswesen reformiert werden muss

Woher Ketchup stammt und wie es zu seinem Namen kam

Ob eine herausnehmbare Jacke praktischer ist als eine getrennte.

Welche gesetzlichen Maßnahmen notwendig sind, damit sich das Miteinander im landwirtschaftlichen Alltag friedlich gestaltet

An der Band Rammstein

Woher unsere Form des Grillens stammt

Soll der Sucher einer Kamera schwarz/weiß oder farbig sein?

Wie man richtig auf Salsa-Musik tanzt. So tanzt man in Los Angeles auf die «1», während man in New York die «2» betont.

Ob es biologisch betrachtet sinnvoll ist, Vögeln durch regelmäßige Fütterung die durch Bebauung und Flächenversiegelung verschwundenen natürlichen Nahrungsquellen zu ersetzen

Aroma von Ziegenkäse und -milch

Ob die derzeitige Beliebtheit der Farbe Rosa nur eine Laune der Textilindustrie oder ein Kontrapunkt zur Wirtschaftslage ist

Ob man seinen Biorhythmus theoretisch errechnen kann

Wo das Frankfurter Nordend genau anfängt und wo es aufhört

Ob Jesus jetzt der Messias ist oder nicht

Wie dem Rowdytum im Fußball Einhalt zu gebieten ist

An der deutschen Synchronisation von «South Park»

Am Recht auf Abtreibung

Ob Gazprom ein Weltklasse-Unternehmen ist

Was außergewöhnlich ist und was nicht

Was genau Frieden ist

Was Lyrik ist

Ob das alljährliche Winterstraßenfest im Kurort Gleichenberg ein Saufgelage oder ein Christkindlmarkt ist

Welches der zwei gängigen Wald-Gütesiegel das richtige ist

Ob man Zecken mit der Zeckenzange herausdrehen sollte oder ob ein einfacher Ruck (mit selbiger) genügt

An so genannten Grippepillen

Ob Familie und Ehe mehr sind als juristische und physiologische Zweckorganisationen

Ob man jetzt mit Grundübungen oder mit Isos besser Muskelmasse aufbaut

Ob man Kalbsbries pressen sollte

Was es für eine Gesellschaft heißt, in nur knapp drei Jahrzehnten die älteste der Welt zu sein

Was ein Kulturgut ist und für die Nachwelt erhalten bleiben soll

Was ist für wen ein Mekka?

Für Langläufer: das als schnee- und sonnensicheres Herz des Lungauer Loipennetzes (230 km) geltende Mariapfarr

Für die besten Informatiker der Welt: das internationale Begegnungs- und Forschungszentrum für Informatik auf Schloss Dagstuhl in Wadern

Für Skifahrer in Schweden: Åre, das bekannteste Skigebiet in den nordischen Ländern

Für die globale High-Tech-Kultur: Japan. Immer zukunftsweisend

Für aktive Studenten: die Berliner FU. Bereits zur Zeit der Studentenrevolten stach die FU unter den deutschen Unis hervor.

Für Bergauf-Radler: Altenberg

Für Jobsuchende: Fachmessen

Für Freunde des Dressursports: das Dressurfestival der Nürnberger Versicherungsgruppe im Rahmen von Pferd International 2005

Für Rotorforscher: das ans Sierra-Nevada-Gebirge angrenzende Tal Owens Valley

Für Gesetzesbrecher: Journalismus in Deutschland

Für Wetlookfans: die Turbinenhalle in Oberhausen, gerade in der etwas kühleren Jahreszeit

Für die Langenhagener Funkamateure: die «Ponderosa» in Kananohe jedes Jahr während der Osterzeit

Für die Sprayerszene: der Fahrradtunnel an der Isar in München / Haidhausen

Für Teefans: Perspektive 1, unweit der Alten Feuerwache, Saarbrücken. Wenn man sich erst mal für eine Sorte entschieden hat, kann man – muss man aber nicht – seinen Tee gemütlich im Schneidersitz auf dem Fußboden sitzend zu sich nehmen.

Für Psychologen aus aller Welt: das Psychologische Institut an der Universität Leipzig

Für Lachs-Angler: der 70 Kilometer lange Kenai River im Südosten Alaskas. Im Sommer zieht er Petrijünger aus aller Welt an.

Für innovationsorientierte Zeitungsdrucker: die «KBA Cortina» bei reiff zeitungsdruck in Offenburg

Für Musikfreunde aus nah und fern: die Schwarzwald-Metropole Freiburg; dazu alljährlich im Juli für drei Wochen verwandelt durch das Zelt-Musik-Festival

Für sonnenhungrige und konsumfreudige Touristen: Dubai

Für sendungsbewusste Bisexuelle: Berlin

Für jeden, der nach Berlin kommt und sich für das weite Feld «Militaria» interessiert: Preußisches Bücherkabinett Berlin

Für alle, die sich dem sokratischen Dialog einmal historisch und analytisch nähern möchten: Harlich H. Stavemanns Buch «Sokratische Gesprächsführung in Therapie und Beratung»

Für Energie-Freunde aus aller Welt: das Wasserkraftwerk Mittweida

Für Sonnenanbeter, Wassersportler, Müßiggänger, Golfer und Gourmets: Mallorcas Südosten

Für «Ja-Sager» aus ganz Deutschland: Mecklenburg-Vorpommern

Für Schwule und Lesben: Byron Bay (New South Wales)

Für Segelfreunde ebenso wie für Künstler vielerlei Art: die Isle of Wight vor den Toren von Portsmouth

Für Juden: Jerusalem

Für Paläontologen: Messel – von der Mülldeponie zum Weltnaturerbe

Für sich: das über 145 Pistenkilometer verfügende Skigebiet Hochzillertal-Hochfügen

Was ist höhere Gewalt?

Vom PC wegmüssen, weil der genau vorm Zimmer der Mutter steht, die jetzt schlafen will

Windhose in Acht

Veralgung

Klausuren oder so schreiben müssen

Sängerin ist krank.

Tod des Betriebsinhabers

Im 7. Himmel sein

Fünf Meter hohe Wellen und heftiger Regen

Wenn ein Clubmitglied der Februar-Mamis ihr Kind unvorhergesehenerweise schon im Januar oder gar erst im März kriegt

Etwas, wogegen man nichts machen kann

Arbeitslosigkeit, so scheint es

Ein Stau oder die Notwendigkeit, Reifeprozesse zu durchlaufen

Ausgerutscht auf dem Eis

Richterliche Untätigkeit

Krieg und auch die Gefahr von gezielten Terroranschlägen gegen Touristen

Dass dir die Funkstrecke verreckt

Als Bundle im neu erstandenen Aldi-PC enthaltenes Update

Der Feierabendverkehr in Hannover

Ein Entschuldigungsgrund bei Nichterfüllung von Verträgen

Die einzige zu rechtfertigende Begründung für eine nachträgliche Kapazitätsminderung

Portemonnaie samt Pille und Rezept für die neue Packung wird gestohlen, und der Gynäkologe ist in Urlaub.

Stromausfall

Pech

Ein außergewöhnliches, betriebsfremdes, durch Naturkräfte oder Handlungen Dritter herbeigeführtes unvorhersehbares Ereignis

Gewitter

Dummheit

Wenn's nix wird, obwohl der Lehrer Glückskäfer ausgelegt hat.

Hagelkörner legen die Satellitenschüsseln lahm, sodass der Moderator zehn Minuten lang improvisieren muss.

Das Ordnungsamt hat den Laden kurzfristig geschlossen.

Hund hat in den Rechner gepinkelt.

Frauen

Das mit der Schweizer Staatsbürgerschaft: Ich wurde schlicht und einfach in dieses Land hineingeboren.

Krankheiten, Unfälle, Erdbeben, Tsunamis und solcher Kram

Was kann man seiner Großmutter erzählen?

Ich hab eine Zündapp, die mit 153 km/h den Berg hochfährt.

Zigaretten schmecken.

Um Helfer für (Natur-)Katastrophen zur Verfügung zu haben, muss man Menschen zu potenziellen Mördern ausbilden.

Ich habe mit ausgewogener Ernährung 9 kg in einem Monat abgenommen.

Ich urteile nicht, in gewisser Weise, erst mal nach dem Äußeren.

Dass 2 Männer in wenigen Stunden 130 Pferde ausmisten

Ich stehe nur zum Spaß an der Freud auf der Meile und warte auf Freier.

Ich habe innerhalb einer Sekunde im Taskswitcher erkannt, welches der 3-5 DOS-Icons nun XP ist.

Meine Bank hat einen Fehler gemacht.

Dass die Evolution, das wahre Alter des Universums oder der Urknall mit der Bibel vereinbar ist

Dass bei Hotel-Azubi Wolfgang M. und B3-Star Blair an der Bar eines Münchner Hotels nach dem Knutschen Schluss war

Das Märchen vom Gesunden Kiffer

Science-Fiction-Kram

Dass Saddam keine Verbindungen zu Terrorgruppen hatte

Dass Quads lahm sind

Dass es AC und Inter Mailand so gut geht wie z. B. dem FC Bayern

Dass schwarze Messen Partys sind, wo gequatscht und gelacht und gefeiert wird

Dass es lange dauert, eine Alterseinstufung umzusetzen und einen Aufkleber auf eine Packung zu pappen

Mit 13 Jahren 1.78 m groß

In 2 Stunden 5 Millionen

Dass irgendjemand in Deutschland gesagt haben soll, er wolle mit seinem Drucker ins Netz

Dass eine Festplatte langsamer sein soll als ein DVD-Player

Dass der BusinessData3M nur inkl. UMTS-Karte oder eines SIM-Kartenvertrags mit 24-monatiger Laufzeit abschließbar ist

Dass in Baden-Württemberg die meisten Straßenzüge von Viertklässlern gereinigt werden

Ich, Michael Jackson, habe diese komische Krankheit, die meine Haut weiß werden ließ

911er Porsche mit 802 PS für 6500,–

6 Wochen Korsett = Hälfte der Skoliose weg

In was wird zu viel hineingeheimnisst?

Rudolf Scharpings Somalia-Äußerungen

Bilder armer Künstler

Georg Trakls singuläre, geheimnisvolle und tragische Gestalt

Adolf Hitlers Liebesleben

Die letzten Klaviersonaten Beethovens

Die Pyramiden von Gizeh

Einige Kunstwerke

Einige Teesorten

Ferrari

Missverstandene Sätze des Kommunistischen Manifests

Die Übersetzung von «Kotobo (ibo) ni komo ta mono»

Die Verhältnisse der Justiz in Schleswig-Holstein

Günter Netzers Frisur

Die Absicht des Vierer-Gipfels

Stonehenge, die bekannte Steinsetzung in Südengland

Chopin

Herbert Wehner

Die Person Jesu

Den Prozess der Kreativität

Den Zirkus Speisesoda

Das Dickicht der Historie

Börsengänge

Kopfgelenksinduzierte Asymmetriestörung

«Matrix Reloaded»

Die Vertragsform Leasing

Popsongs

Das «Wie» des Atomausstiegs und die Differenzen über die einzelnen Schritte

Der Triller im Quintgang abwärts in Robert Schumanns Chorballade «Der Königssohn», op. 116

Was ist so sicher wie das Amen in der Kirche?

Der Beitritt der Türkei zur EU

Bei schach.de gibt es Lücken im System.

Gott sucht aus reiner Liebe den Kontakt zum Menschen.

Energie wird teurer, teurer und noch teurer.

Die Rentenlücke für Leute, die heute unter 55 Jahre alt sind

Der Partikelfilter steht in Deutschland vor einer großen Zukunft.

Fußball rockt nicht erst seit gestern.

Tut sich irgendwo ein Fettnäpfchen auf, tritt der Ehemann der Queen hinein.

Wenn der Ladenschluss fällt, kauft das Volk wie verrückt.

Klaus Augenthaler wird irgendwann Bayern-Trainer.

Nach einem Konjunkturaufschwung kommt auch wieder eine Rezession.

Unsere Gesellschaft hat keine Werte mehr.

Wer im Fernsehen religiöse Gefühle durch den Kakao zieht, kriegt Ärger.

China wird die Weltmacht Nr. 1 in den nächsten 10 Jahren.

Wenn man dich jahrzehntelang unterdrückt, wirst du dich auch wehren.

In Zukunft werden wir es im Alltag immer mehr mit Robotern zu tun haben.

Das Sommerloch

Naddel trägt eine Perücke.

Der Westen unter Führung der USA wird als Sieger gegen den Terror hervorgehen.

Die Armen werden immer ärmer und die Reichen immer reicher.

Die Zeit wird kommen, da wird die Schweiz mehr oder weniger nach der Pfeife der EU zu tanzen haben.

Die Maut für Pkws wird kommen.

Bald wird die ganze Welt mit 64 Bit rechnen.

Die Preise für Medikamente werden purzeln.

Es wird in den nächsten hundert Jahren nicht zu einem nennenswerten Bürokratie-Abbau in Deutschland kommen.

Langfristig wird 16:9 sich durchsetzen.

Päpste wird es so lange wie die katholische Kirche geben.

Spätestens nach fünfzehn Minuten Laufzeit der Komödie «Chocolat» bekommt man als Zuschauer Heißhunger auf Schokolade.

Menschen nutzen jeden sich bietenden und erdenklichen Kanal zum Miteinander, manchmal auch Gegeneinander.

Der 3. WK wird kommen.

Die Schreckschraube ist bald die neue Bundeskanzlerin.

Die Hits des nächsten Jahrtausends werden über das Internet zum Hörer gelangen.

Irgendein Arschloch findet sich immer, um mit Adolf Hitler Wahlkampf zu betreiben.

Der so oft totgesagte Rock 'n' Roll ist lebendiger, als viele Leute das wahrhaben wollen.

Wenn der Frankfurter Flughafen die A 380-Wartungshalle nicht bauen darf, wird sie an einer anderen Stelle gebaut.

Irgendwann kommt jeder von uns zu einem physischen Ende.

Reise

Wo ticken die Uhren anders?

Auf dem Brocken

Während der Leipziger Museumsnacht

In der Provinz

Im Knast

In der CDU

Beim Zelten

Beim Finale der Schach-Amateurmeisterschaft in Wiesbaden

An der Uni

Im Osten

Bei IBM

Beim MDax-Unternehmen Krones

Nachts in der Notaufnahme

Beim City-Verband Bern

Bei Mercedes

Dort, wo Christen sind

Wenn's um die Staatskasse geht

Auf der 33-Seelen-Insel Neuwerk, mitten im Watt

Im Weltall

In einer Mediendemokratie

Am Wochenende

Bei Kommunalwahlen

In der Welt der Songwriterin Tanita Tikaram

In manchen Schreibstuben der österreichischen Asylbürokratie

Im Ruhrpott

In thailändischen Familien

In der Tiefsee

Bei der Fotoagentur Jump, Hamburg

Während des Fastenmonats

In der Heimat

In Port Lockroy, das drei Briten zum südlichsten Postamt der Welt machen

In großen Rechenzentren

Unter Tage

Im Hafen von Shanghai

Bayern

Afrika

Im deutschen Gesundheitswesen

Liechtenstein

Rechtwinklig neben der Zeit

Welche Treffpunkte sind bei Jung und Alt beliebt?

Der Badesee Hohenböken, kurz hinter Bookholzberg

Die symbolisch dreiarmig gewachsene Eiche auf dem Schwarzenberg im Hessenholz

Das «Monumento de Santiago» in Santiago / Dom. Rep.

Der «HemisFair Park» in San Antonio, Texas

Die Parkanlage mit Ententeich in Neuschmellwitz

Der Oberkircher Stadtgarten

Die Kletterwand beim Restaurant-Hotel «Bären», Hasliberg-Hohfluh / Schweiz

Die zwei vollautomatischen Kegelbahnen des Gasthofs «Ziegelhüsi» in Stettlen / Schweiz

Der Stammtisch im «Gasthaus zur Post», Altenburg / Österreich

Das «Dom Café» im Stadtzentrum von Klosterneuburg

In den sonnendurchfluteten Straßen Spaniens: die Tapas-Bars mit von der Decke hängenden Serranoschinken

Der Imbiss «Zur Schönaubrücke» in Graz

Der «Altmarktkeller» im Untergeschoss des Altmarkt-Hauses, Dresden

Die große Außenterrasse des Restaurants «Schweinske Farmsen» (HH) mit Blick auf das Geschehen rund um den U-Bahnhof

Die «Lämmertwiete» in Harburg

Der interessante Brunnen am «Platzl» bei der Arndtstraße/Meidling

Die Stadtbibliothek Radeberg im Zentrum der Stadt

Die Pfarrbücherei Frankenburg

Der Tutzinger Wochenmarkt am Maibaum vor dem Rathaus

Die Wochenmärkte in Iserlohn

Der Schwalbacher Flohmarkt

Das Schulfest der Realschule in Schömberg

Festivitäten auf Burg Brandenstein

Die Tanzschule «forum» in Oberasbach

Das Vereinsheim des Vorhaller Turn- und Spielvereins mit einem Tennisplatz und einem Beach-Volleyball-Feld

Die Rudolf-Tankstelle Spittal / Österreich

Die Neue Mitte in Groß Reken

Das Freibad «Gleiberger Land»

Der Trafalgar Square (London / UK) im Sommer

Osterfeuer, am Samstagabend vor Ostern

Was ist ideal für unterwegs?

Brillenglasreinigungsspray in der kleinen Variante – passt in jede Handtasche

Ein faltbarer Kunststoffbecher mit Pillenbox im Deckel (für alle, die regelmäßig Tabletten nehmen)

Leicht verdauliche und ballaststoffreiche Lebensmittel

Ein kleines Fernglas

Hygienische Allzwecktücher mit chlorfreier Reinigungslotion

Direkt zum Verzehr geeignetes Convenience Food, z. B. panierte Putenschnitzel, Frikadellen oder Putenwürstchen

Trockenreiniger, da die herkömmliche Autowäsche inzwischen fast überall aus Umweltschutzgründen verboten ist

Der tolle aufblasbare Michael-Schumacher-Sitz

«Babydream»-Wickelunterlagen

«San»-Handcreme in der 100 ml-Tube

Das «Dr. Beckmann»-Fleckentuch

Der S.O.S.-Anti-Pickel-Stift aus der «Jade Hautklar»-Reihe

Die Pflegetasche von «Teutonia» mit separater, feuchtigkeitsabweisender Innentasche

Die «Mini Optical Mouse» von Logitech

«TESON HCXWS11» – kleiner Worldspace®/AM/FM Empfänger

Batterie-Zahnbürste D 4010 von Braun (ein lustiger Putzer)

Der geräumige Notebook-Rucksack «IC-GEAR»

Der kleine, aber nicht schlechte Handscanner «VR120/VR120D»

Das 2-in-1-Fertigbett «Dschungel»

Das zusammenklappbare Stereo-Headset DSP400

Das formschöne Miniradio «Space-Com» mit Knopflautsprechern

Der beliebte «Event-Flyer» der Berlin Tourismus Marketing GmbH; 32 Seiten im praktischen DIN-lang-Format

Der «Reisesprachführer Italienisch» von Geo Saison (wiegt nur 200 g). Die Farbseite mit Abbildungen der wichtigsten Pasta-Sorten löst in jedem Ristorante begeisterte Diskussionen aus.

«**W**eine aus Frankreich», ein reich illustrierter Weinführer incl. Routenempfehlungen & Charakterisierung der bedeutendsten Weine

«**D**er Tier- und Pflanzenführer», ein kompaktes Bestimmungsbuch mit 900 Tier- und Pflanzenarten; 558 Seiten, Klarsichthülle

Die «Authentic Dog Sport»-Satteltasche. Einfach auf dem Rücken des Hundes befestigen. Reflektierend!

Die praktische «Charly-Box», das Reise-Set für Hunde. Futternapf und Wasserbehälter in einem

USB-Licht – bezieht Energie über den USB-Anschluss von PC, Laptop oder PDA. Dank LED-Technik besonders stromsparend

Das ansprechende «Herbertz»-Messer; Klinge aus rostfreiem 420er Stahl

180 g Haferkekse von Amapur mit leicht süßlichem Geschmack

Der schnell zuzubereitende «Junior Tee» von Hipp. Nie mehr Tausende von Saftflaschen mitschleppen!

Der Outdoor-Faltsitz «Star Seat» – geringes Gewicht (440 g) und, gefaltet, Ausmaße von nur 33 × 6 cm

«**A**dvance Wars» – lässt sich nach jedem Spielzug bequem speichern

Das Schutz-Amulett «RAC-Raycleaner». Neutralisiert Energieverlust durch Elektrosmog, Erdstrahlen, Wasseradern und Gitterlinien (von Hartmann-Gitter bis Curry-Netz).

«**M**ückenstopp Mobil» (steckerlos)

Was bleibt häufig auf der Strecke?

Die Entwicklung von Können und Problemlösungskompetenz

Das Kindeswohl

Das Management neuer IT-Investitionen

Eine inhaltliche Orientierung der Mitarbeiter

Der Spaß am Lernen

Die qualitative Seite, Sinn und Werte

Das charakteristische Ortsbild

Innovative und individuelle Baukultur

Das Besinnen auf die eigene stabile Gesundheit

Die Lebensqualität

Das kulturelle Erlebnis

Der interreligiöse und interkulturelle Dialog

Die Kommunikationsfähigkeit

Der unter Forschenden so unerlässliche Erfahrungsaustausch

Das Privatleben

Eine umfassende Berichterstattung

Der Datenschutz

Der Informationsgehalt

Die Effektivität, die Maximierung der Werbewirkung

Die Ess- und Küchenkultur

Der gesunde Humor und der damit verbundene freundliche und familiäre Kontakt zu den Kunden

Die persönliche Wertschätzung

Die Feinabstimmung von Bewegungen (im Alltag eines Büromenschen)

Die Umsetzung

Freunde und Hobbys

Langfristige Beziehungen

Der Nährwert

Soziale Nachhaltigkeit in der Personal- und Unternehmenspolitik

Der Patient

Die Freundlichkeit

Der Einzelne

Der Bahnwärter

Wer oder was kennt keine Grenzen?

Die Kreativität der Fondsbranche

Hochwasser

Wodka

Eine Epidemie

Qualität

Frauenhandel

Jagdfieber

Artenschutz

Radioaktive Strahlung

Repression

Saddams Unmenschlichkeit

Die Hilfsbereitschaft der Schulen

Das Wettrüsten der japanischen Motorrad-Hersteller

Dreistigkeit

Persönliche Entwicklung

Zeckengefahr

Feinstaubbelastung

Das Kreuz

Müdigkeit

Flieger-Freundschaft

Strom

Rheuma

Karneval

Der schlechte Geschmack

Die Willkür der «Agentur für Arbeit»

Das Leben, das aus den Keyboards wächst

Die Telenovela «Bianca»

Ein Schädling

Der Ideenreichtum der Erfinder neuer Weicheiworte

Die Euphorie um Dieter Thomas Kuhn & Band

Die Liebe zum Automobil

Der Patriotismus der Schweizer SP

Wozwischen liegen Welten?

Dienst nach Vorschrift und Auch-mal-was-außer-der-Reihe-Machen

Zwischen einem Komiker und einem Witzemacher

Schweinefilet und Sauenfilet

Dem Neuen Testament und dem Koran

Wunschgewicht und Wirklichkeit

Einer bloßen Verrechnung und einer Aufrechnung

Zwischen dem Dienst zu Pferd und einem gemütlichen Spazierritt

Netscape Composer und Dreamweaver MX

HomeCinema und CarHifi – klanglich

Verwendung von Kuchenglasur oder guter Schokolade – geschmacklich

Porzellan und Glas – fotografisch

Menschen mit dem Lebensnötigsten versehen oder Menschen hinter Stacheldraht einschließen

Weinkeller und Ballermannstrand

Radiowecker und Talanton

Stephen Kings Buch «Es» und der Verfilmung desselben

Den Vorstellungen des Patienten und den chirurgischen Möglichkeiten

Einem 1950er und einem heutigen Haushalt

Er ist 83, ich bin 24

Politischen Zielen der Grünen heute und vor zehn Jahren

Aufkleber verkaufen oder seit 1998 temporäre Tattoos verkaufen

Den ursprünglichen Überlegungen von Arbeitsminister Walter Riester und dem Ergebnis

Zwischen Bismarck und PDS

Muslimen und radikalen Islamisten

Zwischen dem Joy-Division-Stück «Atmosphere» und dem Fußball-Song «World In Motion»

Sozialer Phobie und Spinnenphobie

Gesprächsqualität eines SDA und eines Nokia 6230

Synchronsprecher Bodo Wolfs Stimme in «Seven Days» und in «Monk»

Zwischen der Wahrheitsfindung dienen oder die Wahrheitsfindung nutzen

«**G**otthelf» (Schweiz) und «Big Brother» (Deutschland)

Viini und viina (finnisch für: Wein und Branntwein)

Bäcker zu sein in einem kleinen oder einem großen Betrieb

Massenkompatiblem Schrott und Musik

Kanonen fürs Volk und Kanonen des Volkes

Im Büchergestell verstaubter oder interessiert erforschter Bibel

Was er will – und was geschehen wird

Was ist nicht gerade die feine englische Art?

Durch Schafweiden laufen

Von Verrat und einer charakterlosen Mannschaft sprechen

Zu sehr von Emotionen getrieben sein

Bremsen sollte dieser Rennfahrer doch noch einmal üben, als seine Mitarbeiter umzufahren.

Über andere im Gossenstil lästern

Gedankenspionage

Über andere Menschen und deren Kindheit mutmaßen

Deutschland gleich als beschissen zu bezeichnen

Jemanden anlügen

Jemandem die Freundin ausspannen wollen

Über das Alter einer Dame spekulieren

Die beleidigte Leberwurst zu spielen, wenn niemand eine Antwort weiß

Ein lapidares «Dann hau doch ab»

Dass mich einer meiner besten Freunde als ‹perverse Schwuchtel› beschimpft

Fische rauszuziehen, die gerade erst reingesetzt wurden

Menschen mit Atombomben, Napalm und Agent Orange töten

In der Gegend herumhüpfen und mit Impulsgewehren auf irgendwelche Leute ballern

Errungenschaften als Druckmittel einzusetzen

Jemanden in die rechte Ecke zu stellen, nur weil er Kritik übt

Ungefragt die Posteingänge der Studis mit Wahlwerbung zuspammen

Gewalt gegen Politiker

Einfach abspringen ohne nähere Begründung

Nach 55 Tagen antworten

Crossposting

Die SED-Keule

Vergaser aufbohren

Dass man in jungen Jahren gerne auf Tischen sitzt und herumlümmelt

Mitten im Song den Saft abdrehen, weil Superdiva Schaffer schnell in den Puff will

Kaum ist deine Flamme bei dir eingezogen, schon markierst du den Pascha.

Dass Erzieherinnen immer wieder Müll von unserem Spielplatz entsorgen müssen

Ein Loch im Metall

Seine Hunde einfach so auf einen anderen zustürmen zu lassen

Leuten den Mund (die Tastatur) zu verbieten

Einfach zu gehen, ohne tschau zu sagen!

Jemanden zu verarschen, der nicht so gut Englisch kann

Wem stehen alle Türen offen?

Qualifizierten und motivierten Mitarbeitern

Einem Media Fellow

Dem, der zum professionellen Gastgeber ausgebildet wurde, engagiert und leistungsbereit ist

Dem Trampolinturnen

Informationstechnikern

Nachwuchsmodel Brigitta Munkácsy

Dem, der die Sprache der Arbeiter beherrscht

Jedem, der den Titel Geprüfte/r Handelsassistent/in in den Händen hält

Einem guten Tänzer

Den von der Vereinigung Harzer Köche gekürten Jugendmeistern

Der Korruption in Österreich

Jedem, im wunderschönen Amerika, vor allem mit 'nem dicken Portemonnaie, langen Beinen etc.

Fahrpferden, die mit entsprechender Ausbildung (und einem Reiter, der es ebenfalls kann) auch eine S-Dressur laufen können

Dem, der tatsächlich eine Volontariatsstelle ergattert hat

Kimi Räikkönen

Teilnehmerinnen des Rheintaler Beauty-Wettbewerbs

Verzweifelten Menschen

Multitalenten

Den Frauen

Jungen Menschen von heute

Der blonden Maria

Auf Wohnklima heruntergetrockneten Massivdielen

Dem Wohlbefinden, in der Wellness-Oase des Gasthof-Hotels «Herrschaftstaverne» (Ennstal / Österreich)

Dem, der einmal im Film- und Fernsehgeschäft erfolgreich war

Hobbybriefmarkensammlern oder Fußballfanatikern

Bösen Leuten

Dir, sobald du selbst den ersten Schritt unternimmst

Was findet man abseits der ausgetretenen Pfade?

Unterkunft in entspannten Beduinencamps direkt am Strand des Roten Meeres

Die Vielfalt eines Landes

Ausgezeichnete Küche und ein außergewöhnliches Freizeitprogramm

Die wahre Schönheit

Das ursprüngliche Mallorca

Die echte Dominikanische Republik

Ein anderes Ruhrgebiet: Niedermoore, wildromantisch überwucherte Industriebrachen, grüne Inseln im Städtemeer

Reizvolle Landschaft

Tolle Hotels

Das, was der sophisticated Musikfreund sucht

Andere Organisationsformen

Analytische Opiatologie

Viele stille Plätzchen in Venedig

Stille Filaowälder und einsam gelegene Sandstrände

Echte Geheimtipps

Die gigantische Weite und die Farben des Outback

Das wahre Licht im Dunkeln

Spannende Fantasy-Geschichten

Die idyllische Insel Ærø mit kleinen Dörfern, sanften Hügeln und Bauernhöfen

Die Pommersche Seenplatte

Den Bereich Hochfrequenztechnik, Radartechnik; nach entsprechender Ausbildung bietet er interessante Arbeitsplätze.

Die zweite Solo-CD «Iran di fankas» von Bidinte aus Westafrika

Zahllose Attraktionen

Neue Abenteuer

Neue Spielräume

Neue Antworten

Neue Laufreviere

Dort, wo Wasser fließt: fast immer auch einen Wanderweg

Was führt zu nichts?

Jemandem zu glauben, nur weil dieser eine Führungsposition hat

Kleinstädter vor den Kopf zu stoßen

Der Habitus von Schwäche und Vergeblichkeit

Atomkraft

Blabla

Sozial- und Arbeitsbehörden bloß neu zu sortieren

Wenn jeder nur seinem Affen Zucker gibt

Einzelne Spieler an den Pranger zu stellen

Die Absolutheitsansprüche der Religionen gegeneinander zu stellen

Die Menschen zu durchschauen

Noch so sehr in einem Hamsterkäfig zu buddeln – das Anlegen von Gängen und Höhlen ist nicht möglich.

In der Ethik das Kunststück einer Ab-initio-Rechtfertigung zu versuchen

Großdenken

Einfach einen Sprachkurs zu buchen und zusätzlich auf sein Tagewerk zu packen

Ein Nörgler zu sein

Konkurrenten nur nachzuahmen

Ein Pferd nur mit dem Zügel stoppen zu wollen – sehr wichtig sind die Beine.

Blind Algorithmen einzusetzen

Wenn man es jedem recht machen will

Der in der 27. Minute des U21-WM-Vorrundenspiels BRD : USA (2005) wegen Gefahr im deutschen Strafraum anschließende Eckball

Alles Existenzielle

Selbstmitleid unplugged

Negative Kritik, also die Verriss-Kritik

Österreichs Interessen gegen europäische formulieren zu wollen

Gleichzeitig nach außen «Einigkeit und Recht und Freiheit» trällern und innen «über alles» denken

Von marxistischer Seite die Psychoanalyse wegen dieser oder jener Einzelheit zu kritisieren oder zu bekämpfen

Nur gegen etwas zu sein, ohne aktiv etwas zu tun

Sich über das Wetter zu beklagen

Gejammer aus Hochschulen

Zeichnen. Weil jede Linie irgendwann aufhört

ora & Fauna

Was pfeifen die Spatzen von den Dächern?

Bildungsinvestitionen sind Zukunftsinvestitionen.

Sony geht es nicht allzu gut.

Das Rüstungskapital betrachtet das Vaterland als zu melkende, es mit Butter versorgende Kuh.

Roisin Murphy, die bezaubernde Sängerin von Moloko, wandelt auf Solo-Pfaden.

Im Umkreis von Atomkraftwerken erhöht sich die Rate von Leukämieerkrankungen.

Der Leistungssport ist weltweit in Doping verstrickt.

Eine Vergewaltigung ist kein Spaß, kein Kavaliersdelikt.

Militärische Macht wird zunehmend als Mittel ökonomischer Expansion eingesetzt.

«Yellow Umbrella» (Reggae & Ska aus Dresden) lassen es wieder krachen.

Deutschland verfolgt wirtschaftliche Interessen im Süden des Sudans.

Colitis ulcerosa (Morbus Crohn) ist eine Infektionskrankheit.

's wird Frühling, lasst die Nippel schleifen!

Lufthansa ist gut aufgestellt.

Frauen haben durchaus sehr ausgeprägte erotische Interessen.

Die wenigsten Sexualstraftäter/-innen bekommt man überhaupt jemals zu fassen.

Ein Leben ohne Kindersegen wird fast nie geplant. Und schon gar nicht aus selbstsüchtigen Motiven.

Es ist sinnlos, an Wochenenden und Feiertagen Amtsausübungen von Blankenfelde-Mahlows Bürgermeister zu erwarten, da er sich dann zumeist auf Rügen (seinem Hauptwohnsitz) aufhält.

Parteien lassen sich schmieren.

Deutschland befindet sich in schweren Turbulenzen.

Es gibt keinerlei Beleg für «Ursuppe» und «Uratmosphäre».

Die Schere zwischen Ost und West hat sich nach mehr als 13 Jahren deutscher Einheit weiter geöffnet.

Man kann jetzt wieder zur Zigarettenmarke «Juno» greifen.

Im Irak geht es um Öl und nicht um Frieden.

Ungekennzeichnete Flugzeuge hinterließen über dem Landkreis Saalfeld-Rudolstadt gitterförmige Kondensstreifen, die sich nicht wie gewöhnlich nach ein paar Minuten auflösten.

Birgit Breuel samt der Treuhand sind unfähige Pflaumen.

Der 42-jährige ehemalige Werbetexter Wolf Haas ist in seiner österreichischen Heimat ein Kultautor.

Die Forderung nach mehr Selbständigkeit für einzelne Schulen

Das angeblich Neueste in den Medien

Die Glücksmelodie des singenden Schornsteinfegers aus Lippstadt

Den «River-Kwai-Marsch»

Das Thema im letzten Satz von Mozarts Klavierkonzert G-Dur KV 453 – tatsächlich besaß Mozart einen Vogel, der diese Tonfolge nachgesungen hat.

Wonach kräht heute kein Hahn mehr?

London, vor zehn Jahren noch total hip

Startbahn West

«Phyruvat», gut für die Fettverbrennung

Nach deutscher Literatur

Dem Skandalon Minirock

Bill Clinton

Nach David Hasselhoff, dem kleinen Hobbyalkoholiker

Lara Croft

Nach bewussterem Konsumieren und einem Nachdenken über alternative Antriebstechnik

Existenzialismus

Cool Water, ckOne, Obsession und Kenzo

Projekten wie der Stollar'schen Eierfabrik

Nach stringent politischen, typischen 68er-Verlagen

Dem «rot = tot»-Ding

Dem Wahrheitsbegriff

110 PS in der Kompaktklasse

Dass CDU/CSU nach dem Krieg Parteimitglieder hatten, die zuvor in der NSDAP gewesen waren

Ost-Mark

Telefonkarten

Nach Möchtegernquerdenkern, die ohne viel eigene Ahnung einfach das etablierte Wissen in Frage gestellt haben

Sittsamen Empfindlichkeiten

Dreifachem Ölwechselintervall bei einer Million Kilometern

Nach anfänglich in übertriebener Form praktizierter Rotation zur Beschränkung von Mandatszeiten bei den Grünen

TV Total

Nackter Haut in den Medien

Reality-Shows, allen voran «Big Brother»

Den «Simpsons»

Nach Paula und Viktoriapark, zwei Berliner Bands, die einst der künstlich gehypten «Berliner Schule» zugeordnet wurden

Steven-Seagal- und Silvester-Stallone-Filmen

Dem APS-Format

Dem hl22-Code

ASM-Kenntnissen

ISDN-Bildtelefonie

Nach Demonstrationen auf den Straßen

Den Opfern einiger, teils von Syrien geduldeter Massaker im Libanon

Einem tschetschenischen Journalisten, Zeuge der Ereignisse im Moskauer «Nord-Ost»-Theater im Jahr 2002, der unter dubiosen Umständen ums Leben kam

Pierre, Sieger bei «Teenstars» auf RTL 2

Nach vielen in Neapel unschuldig Gestorbenen

Nach Abermillionen, die versagt haben, Loser sind

Was treibt seltsame Blüten?

Die Angst vor weiterem Crash an den NewEconomy-Märkten

Die Furcht vor Elektrosmog

Die Sucht nach dem Faktor Schönheit – ob in der Fisch-, Geflügel-, Kaninchen-, Katzen-, Hunde- oder Rinderzucht

Der Körperkult, zelebriert in den Kathedralen der Studios

Der alte Kosakenmythos

Der Kult um den populären MP3-Player

Die urbane Gleichgültigkeit gegenüber der akustischen Umwelt

Der Verbraucherschutz

Das zarte Pflänzchen Männerbewegung

Der Frühling

Der Schwebezustand zwischen Alt und Neu, in dem sich die russische Gesellschaft zurzeit befindet

Der Machtkampf im Weltfußball

Die Kriminalität in der brasilianischen Metropole Rio de Janeiro

Die Wirtschaftskrise in Argentinien

Der Salonantikapitalismus

Der Öko-Blumenhandel

Ein aufs Neue in die Politik eingeführter Kulturalismus

Die Buchstabenökonomie – SMS-Sprache

Der Kampf gegen die alltägliche Mailflut

Die Verschlagwortung unserer Zeit

Die Germanistik

Das deutsche Jugendhilferecht

Das deutsche Regietheater

Der Sparzwang im deutschen Gesundheitswesen

Der Hanf

Die Diskussion um die Nachhaltigkeit

Der Wunsch, das andere Geschlecht zu verstehen

Die Umgangsproblematik

Die Last mit der Liebe

Der mobile Lifestyle

Der 10-Euro-Wahn

Der Konkurrenzkampf der so genannten Jugendhotels um die Billigtouristen

Die Phantasie eines Gefangenen

Der Handel mit Dingen, die Prominenten gehörten – ja, selbst mit Luft, die sie geatmet haben

Der Einstein-Hype

Die Papst-Hysterie auf eBay

Der Tolkien-Boom

Die Pottermania

Der Markt der Sinnangebote

Die Angst vor Feuer im Wald

Wogegen ist kein Kraut gewachsen?

Naturkatastrophen mit sintflutartigen Regengüssen

Direkte Blitzeinschläge

Menschliches Versagen in Atomkraftwerken

Frey-Schoggi

Das Preis-Diktat des übermächtigen Aldi-Konzerns

Sich lichtendes Haar und andere unangenehme Haar-Erscheinungen

Die natürliche Hautalterung

Einen gewöhnlichen grippalen Infekt – ob Schnupfen, Husten oder Halsentzündung

Ebola

Kriminelle Energie

Tief empfundene Mutterliebe

Gegen verdeckten Fanatismus und planvolles mörderisches Tun

Politische Verblendung

Die natürliche Veranlagung eines Volkes

Armut, Liebe und Tod

Die Ritter von Gondor

Schumi

Gegen Seb Loeb und den Citroën Xsara WRC

Pfarrer Weidinger

Kritiker

Prüfungsangst

Salmonellenfurcht

Tod

Die Paralyse-Strahlen der Gegner

Piraterie im Usernet

Missbräuliches Nutzen eines Auktionshaus-Kontos

Gegen diese himmeltraurigen Spammer

Gegen Antispammer, die mit ihrem blindwütigen Aktionismus wichtige Infrastruktur aus dem Netz schießen

Die wuchernde, anarchistische und überall und nirgends wedelnde Web-Öffentlichkeit

Technischen Fortschritt

Die fundamentale Kraft der Migration

Die Lust der Gebührenmedien an Kampagnen

Die überaus fruchtbare Herkulesstaude

Gegen die Klimaerwärmung und den Wassermangel, die in unseren Wäldern die Bäume schwächen

Gegen die neue Schwerverkehrsabgabe

Impotenz

Wer ist bekannt wie ein bunter Hund?

Der rund 30 Jahre alte Schimmel Quando vom Reiterhof Gläserkoppel

Juppy, der mediale Kopf und Chefclown der Ufa-Fabrik in Tempelhof

Der Fachbereich Versorgungstechnik an der Fachhochschule Erfurt

Susanne Greiner und ihr 20 Jahre alter, azurinablauer Fiat 500

Produkte mit gründlich durchdachtem, zupackendem Marketing

Der Vulkan Volcán de los Cuervos auf Lanzarote durch Konzerte im Inneren des kreisrunden Kraters

Jemand, dessen Mist ein anderer ins Netz stellt

Ludwig Karges aus dem Heinrich-Haus in Neuwied

Der eher scheue Professor Günter Nimtz

Senior Viliumas Malinauskas, einer der größten Arbeitgeber in Litauen

Comedystar Will Ferrell als «Buddy – Der Weihnachtself»

Hansruedi Rohrer, rasender Reporter der «Werdenberger & Obertoggenburger Zeitung»

Theodor W. Adorno

Das Terminal-Team

Der Kookaburra, beliebtester Vogel Australiens, Spitzname: Der Lachende Hans

Johannes Bramberger von der Personalvertretung der SW Steyr, leidenschaftlicher Sammler von Polizeiabzeichen

Jeder, der sich zwei Jahre lang virtuell in das härene Gewand des Bruders Franziskus kleidet und die Aufgaben des Heimgeistlichen wahrnimmt

Naturschutzwächter Gerhard Scheer im Erlanger Stadtwesten

Kulturterroristin Lena Braun im Wrangelkiez

Notker Wolf im Vatikan

Karl-Heinz Olinski, kurz nur «Olli» gerufen, stellvertretender Vorsitzender des Niedersächsischen Badminton-Verbandes

Lord Glasgow, Züchter des Hengstfohlens Musket

Das Problem, dass man die GPU leicht zerdrückt, wenn man den VGA-Silencer festschraubt

Die Radarfalle am Elzer Berg

Rainer M. Gräters weißer Kleinwagen auf der Schwäbischen Alb

Im Nordosten Brasiliens: jede deutsche Praktikantin

Angelo, einst Gregorios Begleiter, Dolmetscher und Beistand in Mögeldorf

Fritjof Theis in Traktoristenkreisen, wegen seiner ständigen Suche nach Ersatzteilen

Ralf Knochner in Nawalgarh, weil er trotz lädierten Ringfingers eine Stunde lang Volleyball spielte

TheShadow vor seiner Bundeswehr-Zeit, auf fast allen deutschen QBasic-Foren

Die Marke Media Markt

Gérard Depardieu

Wolfgang Klein alias ‹Wolfito› in der Mainzer Kneipenszene

Das Nordend-Original Hugo Meyer, der mehr als 30 Jahre lang hinter der Kiosktheke am Adlerflychtplatz stand

Thomas Geierspichler, der Mann mit dem futuristisch gestylten Rennrollstuhl in Anif

Wen oder was kennt kein Schwein?

Jesse McCartney

Das Kaff Lingen an der Ems

Ullrich Parzany oder Rudolf Westerheide oder sonst so eine Ikone im christlichen Bereich

50181 Bedburg/Kaster (33 km nordwestlich von Köln weg)

Jean Paul Pitoc

You never dingsda. Es gibt ja wohl kaum ein genialeres und als Fußball-Endspiel-Hymne geeigneteres Lied als «We Are The Champions».

Warehouse 99 project

Das Wort «Paragon» oder dergleichen

Horst Eckert. Aber Janosch, so Eckerts Künstlername, kennt jeder.

«The Scanner» von der Gruppe «Rose»

Jiu-Jitsu oder auch Kempo

«Without a Trace – Spurlos verschwunden», die Serie

Einen Master Chief. Bei Super Mario sieht das schon wesentlich anders aus.

Fran Drescher, so 'ne Schauspielerin

Das Programmiersystem MatchWare Mediator

Das Wort «Orthese»

Mr. Olympia

Irgendwie Bier ausm Sauerland

In Amerika: American Express

Die Berufsakademie (und wer sie kennt, hält meist nicht viel davon)

«Past Time Paradise» von Stevie Wonder. Coolio's «Gangsta's Paradise» hingegen jeder. Was man zuerst eingetrichtert bekommen hat (durch häufiges Hören → gewöhnen).

Den Beruf Kunstoff-Formgeber

Die Mephisto-Verfilmung des Romans von Literaturpreisträger Klaus Mann

Die Bezeichnung «Shellys Bar» für Tankstelle, aus dem «Wörterbuch der Szenesprachen»

In Deutschland: die richtige Schreibweise von «Alioli», und niemanden stört es.

Wie kommt man auf keinen grünen Zweig?

Ohne Verzicht (beim Sparen wie beim Abnehmen)

Wenn man Englisch, Hauswirtschaft und Sport macht und dann dreimal schwanger ist

Nur die eigenen Erfahrungen nutzend

Wenn man nicht die Gegenseite betrachtet

Im Bundestag dumm rumlabernd

Wenn der Partner und die Familie nicht hinter einem stehen

Ohne tonnenweise Holz, Nahrung, Steine und Gold

Wenn man sich als großer Künstler auf einen Möchtegernkünstler einlässt, der bei einem Projekt über einem stehen wird

Mit Schaufenstereinschlagen und Bullen mit Signalpistolen anballern

Wenn man allen Idolen und Vordenkern abschwört und allein was zu ändern versucht

Wenn eine zwar vollzeitbeschäftigte Frau, die von ihrem Mann nach der Trennung keinen Unterhalt bekommt, ihm freiwillig 200 € / Monat zahlt, damit er mit den Abzahlungen klarkommt

Wenn die Meinungen gleichgeschaltet sind

In der Kirche

Durch unsinnige Strafzeiten

Ohne die Grenzen eines Problems abzustecken – dann wird die Sache zu komplex.

Wenn man von Mobilien und Immobilien nichts versteht, sich vor einer entsprechenden Investition nicht umfassend informiert, den Markt nicht gut beobachtet und nicht flexibel genug ist

Wenn man Äpfel mit Birnen vergleicht

Wenn es nicht gelingt, deutlich zu trennen: Was sind behördliche und juristische Aufgaben, und was sind Aufgaben der Führung der Wachekörper?

Mit Gästebucheinträgen, FAs oder unkreativen Nachrichten

Unterkapitalisiert

Wenn man die Sachen, die in der Bibel stehen, wortwörtlich nimmt

Ohne erst mal grundsätzlich über die Verwendung der «Pille danach» zu diskutieren

Ohne Ansprechen – wer lernt schon jemanden kennen, ohne ein Wort zu sprechen?

Der Wald im Forstamtsbezirk Langen. Der Boden ist zu trocken, und der Borkenkäfer macht den Fichten zu schaffen.

Wer brütet im stillen Kämmerlein was genau aus?

Theoretiker, in deren Labor sich nichts tut: Gleichungen

Der machtbesessene General: seine kranken Phantasien

Jeder Rouletteforscher: irgendeine neue Schweinerei

Willy Kress aus Bisingen: Ideen, mit denen er die jüngere Generation noch heute verblüfft

Das Klischee befriedigende Schriftsteller: ihr nächstes Werk

Trainer Dixie Dörner: Gedanken über die Gesamtsituation des VFB Leipzig

Der Berliner Kultursenator Thomas Flierl: ein Opernkonzept

Eine zur Größe des Klangkörpers proportionale Anzahl Menschen: Konzertprogramme

Universitätsprofessoren: Gedanken

So manch armer Erfinder, der vor lauter Genie in eine mentale Sackgasse läuft: bahnbrechende Erfindungen

So genannte Fachleute: schrecklich moderne Sachen, die den Leser dann überrollen

Das Wiener Duo «Extended Versions»: neue Konzepte

Ganz auf sich gestellte Doktoranden: Themen, die noch nie jemand beackert hat

Viele isolierte Doktoranden: oft Ähnliches wie mehrere Kollegen benachbarter Fakultäten

Uhrenhersteller: das, was später dann zu sehen ist auf der Uhren- und Schmuckmesse in Basel

Sonderlinge: Gedanken, die die Welt auf den Kopf stellen können

Unsere Politiker: Pläne, wie man ohne großes Aufsehen seine Wünsche durchsetzt

Die politische Elite: Formulierungen der EU-Verfassung

Bundestagsabgeordnete: eine Reform, die diesen Namen wahrlich nicht verdient

Manche Labels: das, was sie 3 Tage vor einer Veröffentlichung dem Vertrieb bekannt geben, der dann natürlich nicht mit voller Power loslegen kann

Künstler, so geht das Vorurteil: irgendwelche seltsamen Dinge, die kein Mensch kapiert oder hören will

Der Brunsbütteler Stadtmarketingverein: große Visionen

Was muss im Keim erstickt werden?

Dass Kinder in oder für Pornos zu Tode gequält werden

Die Bemühungen der Reformgegner

Jegliche Annäherung von türkischen und irakischen Kurden

Übel

Gerüchte

Faulheit und Aufsässigkeit

Das Geplärre dieser braunen Ewiggestrigen

Jede Form der Organisierung von Nazis

Unruhen

Die Hampelei der HipHop-Formation «High Society». Die Beats sind noch ganz cool, aber Texte, Reime, Flow: schlechtestes Niveau.

Dass nun auch noch Kaninchen gequält werden

Nestbeschmutzung

Die Idee, Bonifatius-Hospital und Kreiskrankenhaus Sögel unter dem Dach einer gemeinnützigen Gesellschaft zu verbinden

Die Gewaltspirale

Vandalismus

Polizeiwillkür

Jeder Versuch einer Nation, einen Angriffskrieg zu führen

Der Angriff eines Hausschwammes auf ein Mehrfamilienhaus

Volksverdummung. Eine generelle Abschaffung von HipHop würde völlig reichen.

Die Verschwörung der Feinde des Volkes

Die Übel des Seat-Händlervertrags

Weibliche Zusammenrottungen

Böse Sekten

Demokratiefeindliche Entwicklungen

Allumfassender internationaler Terrorismus

Jeder Verdacht, es könne gute Gründe für einen Krieg geben

Die Reizbarkeit

Kranke Ergüsse

Abartiger sexueller Trieb

Kranke Ideen

Die Krankheit Zynismus

Eine Erkältung (sofort Vitamintabletten futtern und Mandarinen und so 'n Kram natürlich. Nicht unterkriegen lassen)

Wo wächst kein Gras mehr?

Wo die Liebe hinfällt

Wo der Deutsche hingrübelt

Wo geschrödert wird

Wo der Staat zuschlägt, selbst wenn er da zuschlägt, wo er nichts zu suchen hat

Wo kommunale Verantwortung hinsieht

Wo Dirty Harry hinschießt

Wo das Wussow-Forum einfällt

Wo Auron aus Final Fantasy X hinlangt. Und auch die verschiedenen Schwerter von ihm sehen einfach nur cool aus.

Da, wo Eisenstein entlanggging; kein Gras zumindest, das Futter für die ihm nachfolgenden Regisseure sein könnte

Wo ein deutscher Professor hinredet

Berliner Tiergarten

Wo SCHÄFCHEN Astrid war

Wo eine Stalin-Orgel hinschlägt

Wo man mit einem Brennglas hinschaut

In Potsdam – Tropenklima, massive Sonneneinstrahlung und zertretene Uferkanten durch Tausende von Badegästen am Heiligen See bereiten der Schlösserstiftung schwere Sorgen.

Wo TUI, Thomas Cook und Neckermann einmal geweidet haben

Wo John Coogan («Crash – Das Leben ist Football») durch die Reihen der gegnerischen Mannschaft prescht

Wo prügelnde Killermaschinen hinlangen

Wo Joschka Fischer hinhaut

Wo die Galka (riesige und breitschultrige Hunnen) hinschlagen

Wo Loriot hinschlägt

Wenn der Fahrradschlauch vom Stutzen des IBCs abrutscht, während man, nachdem man die Hähne zum PÖL-Austausch geöffnet hat, in den Keller geht

Wo Holländer hinkommen

Wo jedermann geht

Wo Bremerinnen mit ihren bürgerlichen Füßen hintreten

Wo die Industrie hinkommt – da haben Baum und Blüte, Vogellied und freier Himmel Heimat und Recht verloren.

Als in «Dinner for One» die Gefühle des Butlers erwachen. Der gute James hat sich in Miss Sophie verliebt.

Wo eine Raveparty durchgezogen wird, so glauben auch Politiker in Frankreich

Wo Targa Super® eingesetzt wird – schnelle Wirkung und Abdeckung des vollen Schadgräserspektrums

Geschichte

Was lehrt uns die Geschichte?

Dass ab dem 17. Jahrhundert zahlreiche Bauern des Pays de Herve einen Kupferkessel und eine Presse besaßen

Misstrauen gegen Führer-Strukturen

Soziale Errungenschaften, Rechte und bedeutende Fortschritte waren nie ein Zugeständnis der Herrschenden.

Unrecht darf nicht mit Unrecht aufgerechnet werden.

Dass sich Sicherheitslagen und Bedrohungspotenziale sehr schnell ändern können

Es ist potenziell gefährlich, in Bella Napoli zu leben, wie uns das Beispiel Pompeji sehr gut vor Augen geführt hat.

Dass man nicht allzu viel Wert auf Dementis legen sollte

Das Volk kann mächtig stur sein.

Die Masse lernt nur in ökonomischen Kämpfen.

Dass wir uns gegenseitig zur Seite stehen müssen

Dass die Christen ihren Nächsten nicht lieben, sondern ihn, wo sie ihm begegnet sind, bekehrt oder vernichtet haben

Dass Frauen den Empfehlungen der Modepäpste grundsätzlich folgen

Tyrannen entgehen langfristig nicht der Strafe des Gesetzes.

Dass in den königlichen Höfen die Mediziner, Astrologen, Geschichtsschreiber, Philosophen und Mathematiker regelmäßig aramäischer Abstammung waren

Dass wir auf den Nationalstaat verzichten sollen

Dass die verheerendsten Anarchien immer mit der Vernichtung von Minderheitsrechten anfingen

Regierungen haben meistens den längeren Atem. Der Sturz einer Regierung durch öffentlichen Protest ist die seltene Ausnahme von der Regel.

Dass die Reaktion furchtbar wütet, wenn sie siegt

Leider nichts Gutes

Dass ein Ungleichgewicht zwischen Ökonomie, Sozialwesen und Politik nie lange aufrechterhalten werden kann

Die Naturwissenschaft hat ihre Grenzen in dem, was sie für uns tun kann.

Dass Ideologien immer Ideale missbraucht haben

Wie lebenswichtig persönliche Kontakte für das Verständnis sind

Dass derjenige, der nur für sich selbst anhäuft, irgendwann platzt

Du hast einen freien Willen.

Dass es den USA durchaus Ernst sein kann mit dem Auferlegen von Demokratie

Materieller Fortschritt und Wohlbefinden sind keine vollständige Antwort auf Bedürfnisse und Sehnsüchte einer menschlichen Gesellschaft.

Dass die Menschheit nichts aus ihr lernt

Die Spitze jeder Pyramide muss eine breite Basis haben.

Das Beste kommt noch.

Was war früher undenkbar?

Ein Dorf ohne Schmiede

Bei den Udegei, den Ureinwohnern der ussurischen Taiga, das Töten eines Tigers

Ein Frühling ohne Kuckuck

In der Berufsschule wird während des Unterrichts gegessen, getrunken, geschlafen, geschwätzt und gemailt.

Eine Herzoperation bei 80-Jährigen

Mit Orchester eingespielte Melodien für ein Computerspiel

Kein einziger der für den Kneipen-Oscar Nominierten ist ohne Abitur.

Die Kombination von Salat und Wein

Lehrer wegen Schlagen anzeigen

Im Treff 188, dem stilvollen Landhaus in Frankfurt, wird teilweise sogar auf den Spielwiesen geraucht, und Getränke werden mit nach oben genommen.

459 Zeichen Platz für eine SMS, wie beim Nokia 3310 Dark Blue

Ein eigener Design-Preis für Hörbuch-Cover

Der Austausch von geheimdienstlichen und anderen Informationen über den internationalen Terrorismus

Dass Deutschland gemeinsam mit Russland und Frankreich gegen die US-Invasion im Irak Front macht

In welchem Maße wir heute Informationen verbreiten können

Ein Ehepaar wird am Tag durch maskierte Täter in seinem CP in CMW überfallen und ausgeraubt.

Ein Gedenktag zu einem Ereignis, das erst ein Jahr zurückliegt

Rasche Post aus Übersee

Beerdigung Konfessionsloser auf katholischen Friedhöfen

Dass viele Partnerschaften enden, wenn ein Kind kommt

Dass sich die Präsidenten des BSC Preußen und der Eisbären an einen Tisch setzen

Einen Polizisten als Bullen titulieren

Viele Leute, nicht nur in Schwaben, sparen am «Käsblättle».

Sachbearbeiter, die sich nicht mehr hinter dem «wir» verstecken, sondern ganz persönlich für den Kunden da sind

Die selbstverständliche Möglichkeit freier Religionsausübung

Das Maß der heute für das Gros der Beschäftigten zugänglichen Qualifizierung

Songs der Toten Hosen auf Bravo-Hits-Samplern

Einsatz von Biertischgarnituren bei hochklassigen Events. Mittlerweile zum Alltag für Event-Planer geworden.

Pink zu Orange. Ist heute Trend und wirkt superedel!

Der Stellenwert, den Datenhaltung, -verarbeitung und -auswertung erreicht haben

So genannte Manager auf Zeit

Rote Zahlen in Allianz-Quartalsbilanzen

Luxusurlaub auf den Seychellen, Champagner von Aldi

Die Franzosen trinken weniger Wein und mehr Bier.

Einen Politiker als Inbegriff von Seriosität für Reklame einzuspannen

Dass Darsteller, die aus dem Hollywood-fernen asiatischen Raum stammen, eine feste Größe in Hollywood werden

Gleichzeitig Fan solch unterschiedlicher Bands wie Joy Division oder Paradise Lost zu sein

Wer hat sich was auf die Fahne geschrieben?

Das Porsche-Zentrum Berlin: Kundenorientierung und Kompetenz

Die Nemetschek AG: die Softwareintegration unter dem Namen «Future Technology»

Der Freundeskreis der Stadtbibliothek Siegburg: Förderung des Lesernachwuchses

Departementschef Couchepin: die Cannabis-Liberalisierung

Die GAL: eine ökologische und moderne Großstadtpolitik

Die Betreiber von «LegaKids.net»: Legasthenie zu erklären und Legasthenikern zu helfen»

Der einflussreiche Göttinger Mathematiker David Hilbert: eine reine Mathematik zu entwickeln

Die EU: Wettbewerb in sämtliche, ehemals staatlich beherrschte Bereiche der Wirtschaft zu bringen

SSE AG aus Mettau AG: die Umsetzung von leistungsfähigen Serverlösungen

Der Sicherheitshersteller RSA: Prävention

Johnson Controls: Innovation

Die Winter-Ispo 2004: das neue Marktsegment «Frau»

Die Firma Radimed aus Bochum: Schmerz- und Tumortherapie rund um die Wirbelsäule

Die Weltbank: Förderung erneuerbarer Energien in Entwicklungsländern

Viele Parteien: das Thema Familienpolitik

Der Vorstand von delta e.V.: Professionalität

Tre Torri: verkaufsstarke Bücher mit Niveau und Trendgespür zu präsentieren

Viele Privatinitiativen: Kindern in Kambodscha zu helfen

Stuttgart: eine kinderfreundliche Stadt zu werden

Die Deutsche Krankenhausgesellschaft: viel stärker als bisher auch den ambulanten Bereich zu versorgen

Der Verein «Humorakel»: mehr Humor in der Bevölkerung zu verbreiten

Die Söhne Mannheims: junge Talente zu fördern

Biosphere Expeditions: aktiven Naturschutz durch die Team- und Zusammenarbeit von Forschern und Laien zu betreiben

«**B**unkercore», eine junge Formation aus Mönchengladbach: dem guten alten New-York-Hardcore zu frönen

Der Fachmarkt-Discounter «Makro Markt: den Konkurrenzkampf unter den Fachmarkt-Discountern anzuheizen

Campleiter Bischoff: das GHP Summercamp zu dem Event des Basketball-Sommers Deutschlands zu machen

Die Theatergesellschaft Sempach: bekannte und beliebte Stücke, die auch zum Denken anregen können, zu inszenieren

Der Jazzclub Aarau: Schweizer Spitzenjazz nach Aarau zu bringen

Die deutschlandweite Gebetskette «Wächtergebet»: für die Belange des Landes im Gebet einzustehen

Was genau wussten die alten Griechen schon?

Die Politik ist vor allem Sache ihrer Bürgerinnen und Bürger, die Demokratie die beste Herrschaftsform.

Nur in der Studierstube sitzen ist nicht gesund.

Toten Dingen mit Hass zu begegnen hat etwas Lächerliches.

Krieg ist immer eine Frage von Schicksal oder Zufall.

Um die Bedeutung der Urin-Beschaffenheit. Sie untersuchten die Körperflüssigkeit mit Augen, Nase und Zunge.

Es gibt den Chronos, die einfach fließende, banale Zeit, und es gibt hin und wieder den Kairos, den einmaligen Augenblick.

Wo ein Körper ist, kann kein zweiter sein.

Wahre Liebe kommt sowieso nur von hinten! Immerhin 20 % aller Frauen stehen auf Posex. Analsex, Posex und Arschficken

Armut und Demokratie passen nicht zusammen.

Gehirnjogging hält das Gehirn von Senioren in Schwung. Fünf mal fünf Minuten täglich reichen schon aus.

Wie schön es in Thermalbädern ist

Ändert sich der Zustand der Seele, so ändert dies zugleich auch das Aussehen des Körpers und umgekehrt.

Um den Nutzen paradoxer Formulierungen

Kaltgepresstes Olivenöl hilft gegen fast alle Volkskrankheiten.

Die Artischocke ist ein prima Mittel gegen Bauchschmerzen nach einem fetthaltigen Mahl: Sie fördert den Gallenfluss.

Dass Charakterbildung ein Hauptziel der Erziehung sein sollte

Entweder dichten oder reflektieren – aber nicht beides zugleich

Birnen zu schätzen

Um die – von ihnen als das «biologische Gewissen» (Syneidisis) bezeichnete – Selbstheilungskraft des Körpers

Dass die getrockneten Blütennarben des «Crocus sativus» berauschend wirken und sinnliches Verlangen anregen sollen

Die Konstanz liegt in der Veränderung.

Um die Heilwirkung einer Wasserpfeife (die ist nicht ungesund)

Das, was auch für Beziehungsneurotiker Woody Allen Thema Nummer eins bleibt

Die Kraft des Weihrauchs zu nutzen. Sie verwendeten ihn beispielsweise bei Ohrenerkrankungen.

Heilsteine sind Betrug.

Dass man sich Begriffe leichter merken kann, wenn sie an bildliche Inhalte geknüpft werden

Dass Menschen mit melancholischem Temperament anfälliger für Krankheiten sind

Dass Molke eine gesundheitsfördernde Wirkung hat

Musik berührt das Herz.

Dass die Ptolemäische Theorie der Planetenbewegungen in der Version von Hipparch und Apollonius zwar völlig falsch ist, sie aber die Planetenbewegungen genauer wiedergibt als die heliozentrische Theorie von Kopernikus

Um die Vorzüge von Spargel

Dass in unserem Sonnensystem die Planeten um die Sonne kreisen

Das Einreiben des kostbarsten Stücks mit einer Weinbrand-Essenz aus Kastanienblüten stärkt die Manneskraft.

Alles fließt.

Dass man nie zweimal in dasselbe Wasser steigen kann

Alles

Was ist nur eine Frage der Zeit?

Wann die Glatzen kommen und hübsche Häuschen abfackeln

Bis sie Hand an dich legen/Und dich wie alle anderen machen

Wann Gold wieder von der Mehrheit der Anleger als die eiserne Reserve erkannt wird, die allen Widerwärtigkeiten trotzt

Dass jeder im Internet präsent sein wird

Wann auch hoch qualifizierte Ingenieursleistungen an Niedriglohnstandorte abwandern werden

Wann jemand auf die Idee kommt, PostNuke zu minimalisieren

Dass sich die Anti-Aging-Medizin als ein fester Bestandteil im Umfeld der Ästhetisch-plastischen Chirurgie etabliert

Bis die Schneeaffen den Wissenschaftlern bekannt sein werden

Bis SAPOS-HEPS auch in die Katastervermessung integriert werden kann

Wann Sicherheitswesten auf Military-Turnieren zur Pflichtausrüstung zählen

Wer zuerst aufgibt: Befürworter oder Gegner des Antrages, das Flachmoor Mederlouwenen und die Moorlandschaft Grimsel in die entsprechenden Bundesinventare aufzunehmen

Wann «Re-Vision» zu den Großen gehören

Bis «Hikaru no Go» von Carlsen Comics als einzelner Manga herausgebracht wird, wie schon bei «Naruto» geschehen

Wann die erste Sammelklage wegen kollektiver Sehnenscheidenentzündung gegen Apple eingereicht wird, da beim iPod-Shuffle jeder Titel einzeln übersprungen werden muss

Dass auch kleinere PKW-Baureihen mit dynamischen Kurvenlichtern ausgestattet sein werden

Wann die 2.63i so veraltet ist, dass sie eine gestrige Insellösung darstellt

Die Unterscheidung gewaltbereiter Radikaler zwischen Angreifern und anderen: Wer seine Haut mit einem Kniefall retten will, kommt etwas später an die Reihe.

Bis der Detector von Blizzard einwandfrei funzt

Wann auch BAföG-Empfänger aus Bayern von den verschärften Kontrollen ihrer eigenen Einkommen betroffen sein werden

Wann unter dem Dogma, dass der Zweck die Mittel heilige, auch deutsche Bodeneinsätze und Alleingänge machbar sind

Bis es BlueRay-Brenner gibt

Bis auch in Longhorn die ersten Sicherheitslücken auftauchen und schamlos ausgenutzt werden

Eigentlich alles. Wer Geduld und Willen hat, kommt auch an sein Ziel. Siehe Bush.

Bis die überwiegende Zahl der Patienten die Gesundheitskarte nutzt

Wann die Preise der +RW- unter die der -R-/-RW-Rohlinge fallen

Bis die Kaliumversorgung der Bäume im Buchenwald am Belauer See nicht mehr für ein gesundes Wachstum ausreicht

Wann sich das Börsenpublikum vom Zinsgespenst gelöst hat

Sterben

Welche Bilder gingen um die Welt?

Das Geiseldrama im Moskauer Dubrowka-Theater: 800 Zuschauer in der Gewalt von 40 tschetschenischen Kämpfern

Formel-1-Pilot Michael Schumacher rast im englischen Silverstone in einen Reifenstapel.

Die am Straßenrand gefundenen Köpfe von vier Telefoningenieuren aus England und Neuseeland, die in Tschetschenien ein Mobilfunknetz installieren sollten

Strahlender Uran- und Graphit-Staub ist in die Kamera eingedrungen und hat helle Streifen auf Bildern hinterlassen, die auf dem Dach des Kernkraftwerks Tschernobyl entstanden sind.

Dramatische Rettungsaktionen per Hubschrauber, als über Mosambik die schlimmsten Fluten seit Jahrzehnten hereinbrechen

Feuerwehrboote richten starke Wasserstrahlen gegen Demonstranten, die an Seilen von der ausgedienten Ölverladestation Brent-Spar herunter über dem Meer hängen.

Verhaltensforscherin Jane Goodall, von Schimpansen als Gruppenmitglied akzeptiert

Die malende Orang-Utan-Lady Nonja

Japanische Kampfflugzeuge bombardieren am 7. Dezember 1941 den US-Marinestützpunkt Pearl Harbor.

Am 18.01.1943 treiben SS-Truppen 5000 Juden aus dem Warschauer Ghetto zusammen. Die meisten Gefangenen werden nach Treblinka deportiert.

Quer durch Berlin errichten Soldaten, Volkspolizisten und Arbeitermiliz am 13.08.1961 einen «antifaschistischen Schutzwall».

Der deutsche Bundeskanzler Willy Brandt kniet 1970 vor dem Denkmal des Warschauer Ghettoaufstandes nieder.

Der deutsche Kanzler Helmut Kohl und der französische Staatspräsident François Mitterrand, Hand in Hand

Menschenmassen versammeln sich an den Grenzübergängen, um die von der DDR-Führung überraschend erlassene «Übergangsregelung bis zum Erlass eines neuen Reisegesetzes» zu testen. Im Sturm wird die Mauer genommen.

Die offizielle Bergung der Gletschermumie durch den Gerichtsmediziner Prof. Dr. Rainer Henn

Ein Lagerfeuer aus Eisbrocken, an dem sich die Meeresgeologen des Forschungsschiffs «Sonne» die klammen Finger wärmen

Eine horizontale Anordnung einzelner Atome, aufgenommen mit dem 1982 entwickelten Tunnel-Raster-Mikroskop (TRM)

Vier Tage nach Golfkriegsbeginn (Nr. 1; 1991) beginnen irakische Truppen die Ölanlagen Kuwaits in Brand zu setzen.

Gefangene Iraker im Gefängnis Abu Ghraib, gezwungen, nackt eine menschliche Pyramide zu bilden

Nach 21 Tagen Krieg kippt in Bagdad die Hussein-Statue. Während der Kopf durch die Straßen gezogen wird, achtet keiner auf die Beine. Das linke bleibt am Sockel hängen, gilt später als verschollen, taucht dann wieder auf: in einer Duisburger Garage.

Ein müder Saddam mit verfilzten Haaren und struppigem Bart lässt sich von einem US-Arzt im Mund herumstochern.

Puff Daddy und Jennifer Lopez werden nach filmreifer Flucht gestoppt und in Handschellen abgeführt.

Christopher Reeves im Rollstuhl, von Herb Ritts als Erstem abgelichtet. Ein Zufall, dem Herb Ritts seine Karriere verdankt.

Liz Taylor, auf deren Kopf noch die Narbe einer Gehirnoperation zu sehen ist

Was gibt es nur im Märchen?

Den bösen Wolf – der Wolf ist ein scheues und schützenswertes Tier, das den Menschen meidet.

Perfekte Chat-Bekanntschaften

Tischlein-deck-dich

Gänse, die goldene Eier legen, und Dukatenesel – kommunale Haushalte müssen seriös finanziert werden.

Einmal bepflanzt, immer zugewachsen

Böse Hexen mit Zauberkräften

Absolut eindeutig abgrenzbare Zielgruppen

Schöne Ballkleider

Gerade 19 geworden und auf die Schnelle einen gut bezahlten Job finden, mit wenig Arbeit

Fliegende Teppiche

Unbegrenzten Traffic

Aschenputtel sitzt zu Hause, und der Prinz kommt und holt sie.

Den schnellen Reichtum

Digimons

Soldaten, die ganz ritterlich nur auf Soldaten schießen

Zaubertiere

Sesam öffne dich. Ein Schalter, der elektrisch die Garagentür öffnet, ist jedoch nachrüstbar.

Whippets, die Gold kacken

Gute Feen

Die bösen Franzosen, die jeden ihrer Sprache nicht perfekt Mächtigen eiskalt ins Messer laufen lassen

Die siamesischen Sex-Zwillinge. Auch in einem extremen Fall von Vaginismus (Verkrampfung der Vaginalmuskeln während des Verkehrs) kann der Mann seinen Penis noch selbst herausziehen.

Reibungslose Veränderungen

Riesen

Niedliche Lebkuchenmännchen oder unschuldige kleine Mädchen

Erlösung

Drachentöter, Minnesänger und Ritter

Den bösen Kerl

Die grauen Männer

Echte Prinzen. Der Glaube, beim nächsten Partner werde alles anders, ist lediglich die Verschiebung der eigenen Ganzwerdung und Heilung.

Wunder

Den Stein der Weisen

Projekte, die ohne menschliche Mitwirkung fertig werden

Zufälle

Diese Drei-Wünsche-Geschichte

Ein Perpetuum mobile

Mitten im Wald steht ein Apfelbaum voll roter Äpfel.

Ein Happy End

Was sollte man nie vergessen?

Dass das Fahren abseits der markierten Pisten immer ein gewisses Risiko in sich birgt

Mazda hatte nie ein Dichtleistenproblem wie Audi-NSU.

Kunst ist nicht Mathematik.

Dass man nicht selbst frei von Macken und Fehlern ist – auch als Mann nicht

Dass Flugzeuge Kinder des Windes sind

Was man auf Drogen erlebt, ist immer nur wie ein Film, nie die Wirklichkeit.

Dass man auch immer nein sagen kann

Dass der Hechtbestand der meisten Gewässer durch Überfischung sehr schnell leiden kann

Auch Damen gehören zu den Weibern.

Was Yilmaz Güney bewirkt hat und was er immer noch bewirkt

Viele können ohne Alk eben nicht leben.

Dass sich der Schadensachbearbeiter in der Regel in der besseren Position befindet

Dass Fußball vor allem Spaß ist

Dass die RAF hauptsächlich Terror gegen den Staat und «Kapitalisten» gemacht hat, nicht gegenüber der Zivilbevölkerung

Dass Nudeln auch nach dem Abgießen weiterkochen

Dass durch das Mischen von Düngern ungewollte chemische Reaktionen in Gang kommen können

Einer Bewerbung alle Arbeitszeugnisse beizulegen

Dass es gefährlich ist, im Hochgebirge ohne den notwendigen Respekt unterwegs zu sein

In welchem Land man Urlaub macht

Dass die Grenze zwischen «albern» und «cool» oft nur rasierklingenbreit ist und man auch im Dunkeln lachen kann

Dass jedes Gerät seine Eigenheiten hat

Dass sich in einem Internet-Forum meistens Leute aufhalten, die mit irgendetwas Probleme haben

Wer man war und wer man jetzt ist

Dass sich das natürliche Anlaufen der Münzen nicht wertmindernd auswirkt

Nach den Gründen zu fragen, warum junge Leute kriminell werden

Dass es in Holland viele wunderschöne Dinge gibt

Was unsere Füße zu leisten haben, obwohl wir mittlerweile einer automobilen Gesellschaft angehören

Dass Klassik der Ursprung jeder Musik ist

Dass der Wind am Landeplatz nicht auch so sein muss wie am Startplatz

Dass es ursprünglich die Hospizbewegung war, die gegen die so genannte Hochleistungsmedizin Front machte

Dass Fieber selbst keine Krankheit ist, sondern ein Signal des Körpers, dass da irgendwo ein Problem vorliegt

Dass man nicht der Nabel der Welt ist. Der steht bekanntlich immer noch in Delphi.

Wem der Boden gehört, auf dem man steht

Dass man die Eifel mag, selbst wenn es Berge gibt, die man hinaufkrabbelt oder den Drahtesel mal schiebt

Dass die ersten zwei Wochen des Semesters die schwierigsten sind, weil sich in ihnen alles ballt

Dass man eine Rezension vor allem für andere schreibt

Dass man ja von seinen Fans lebt

Dass alles total simpel ist, wenn man es mal weiß

Was wird, wenn das so weitergeht?

Droht Kirchenspaltung

Gibt es in Deutschland bald nichts mehr umsonst

Einen Menschen mit Brille oder Erbkrankheit wird man wegen «schlechter usability» nicht mehr akzeptieren.

Für die exportabhängigen Schweizer Multis wird es besonders ungemütlich.

Kein Handy zu besitzen (und stattdessen Freiheit und Vertrauen seitens Eltern/Arbeitgeber/Staat) wird Statussymbol.

Im Stadtgebiet Neuss wird in einigen Jahren dann jeder vom Grundwasserproblem betroffen sein.

Auch von Half Life 2 wird nicht mehr übrig bleiben als eine physikalisch korrekt zerplatzende Seifenblase.

Geht es mit Europa abwärts und nicht bergauf.

Dann, in nicht allzu ferner Zukunft, gibt es wohl tatsächlich den geklonten Menschen.

Bekommen wir ein ganz großes Problem in unseren politischen Strukturen

Dann, wenn sich die deutschen Sender endlich mal dazu entschließen, den Rest der Sitcom «Verrückt nach dir» auszustrahlen, sind die Schauspieler schon in Pension oder tot.

Dann braucht man von der Milchstraße zur nächsten Galaxie sehr viel länger als jetzt.

Werden wir hier bald die sechste Generation von Sozialhilfeempfängern haben

Wird irgendwann jeder Hund als Bestie abgestempelt werden

Können wir es uns bald nicht mehr leisten, dass der Staat Bischofsgehälter komplett aus der Staatskasse bezahlt

Wird bald immerhin der Briefkopf von Bayer 04 Leverkusen länger sein als der der Bayern

Wird von Belgien als Gesamtgebilde nicht allzu viel übrig bleiben

Wird Kronberg bald ein Villenvorort von Frankfurt sein

Werden die großen Unternehmen ihr blaues Wunder erleben

Wird die Lemwerderaner Jugend nur auf der Straße rumlungern und gar nichts machen

Weiß bald die ganze Welt, warum es so viele Österreicher-Witze gibt

Werden viele Studis erst mal ein paar hundert Euros in ihr Studium pulvern müssen

Wird man wohl die Rente mit Arbeitslosen- und Sozialhilfe zusammenlegen. Und wer vorgesorgt hat, bekommt gar nichts.

Gibt es irgendwann Spülmaschinen ohne Ionenaustauscher

Sprachverfall, wie er in Norwegen bereits Alltag ist

Taucht das Problem mit der Ziege und dem runden Rasenstück wieder auf

Landen wir in der Katastrophe

Wird Schröder noch zum Superkanzler (aber erst lange nachdem er abgedankt hat)

Wird Schluss sein mit lustig

Geht 2010 der europäische Primärenergieverbrauch in der Weltstatistik unter

Ist 2012 jeder vierte Erdenbewohner ein Elvis-Imitator

Können sich in 20 Jahren Chemiker nicht mehr auf Deutsch über ihr Fachgebiet unterhalten

Hat sich in 30 bis 50 Jahren die Erde um 3°C erwärmt

Steuert die Maschine den Menschen

Wird der Mensch eines Tages auf Technik verzichten können